王健林
的政商丛林

汪再兴　杨林　黄旻旻/著

知识出版社

图书在版编目（CIP）数据

王健林的政商丛林 / 汪再兴，杨林，黄旻
旻著. —— 北京 ：知识出版社，2014.10
    ISBN 978-7-5015-6160-5

    Ⅰ．①王… Ⅱ．①汪… ②杨… ③黄… Ⅲ．①房地产
企业－企业管理－经验－大连市 Ⅳ．①F299.273.13

    中国版本图书馆CIP数据核字(2014)第248069号

王健林的政商丛林

出 版 人 姜钦云
责任编辑 李易飏 韩小春 万 卉
装帧设计 罗俊南
出版发行 知识出版社
地   址 北京市西城区阜成门北大街17号
邮   编 100037
电   话 010－51516278
印   刷 北京市雅迪彩色印刷有限公司
开   本 889 mm×1194 mm 1/16
印   张 18
字   数 160千字
版   次 2014年11月第1版
印   次 2014年11月第1次印刷
书   号 ISBN 978-7-5015-6160-5

定   价 39.80元

俯视自己庞大帝国的王健林

绪 论

2014 年 7 月下旬，美国 CNN 对王健林的专题访谈在 CNN 国际频道播出，画面里出现了恢宏林立的万达广场、奢华气派的万达酒店，而这些庞大物业的主人王健林威严的形象，则通过 CNN 传遍全球。王健林讲述万达的成长道路，描绘万达的海外投资战略，他甚至开玩笑说，如果 CNN 想被收购，他也可以买下来，这位亿万富豪之霸气可见一斑。

王健林的霸气建立在他庞大的财富基础之上。2013 年 9 月 11 日，胡润研究院发布胡润百富排行榜，宣布王健林以 1350 亿元的财富荣登中国首富，2013 年 10 月 16 日，《福布斯》杂志中文版公布 2013 年中国内地富豪排行榜，王健林以 860 亿元人民币的个人财富首次登顶，作为双科首富，王健林的风光一时无二。

站在财富之巅的王健林意气风发，在 2013 年中国企业领袖年会上，他像一位企业教父一样，告知那些同样沉浸在财富梦想中的同行们，"你的企业真正要想成为一个大型企业，或者成为一个有核心竞争力的企业，就不能满足于现状。第一要创新，敢于创新，持续不断的创新。" 这些寓励志和商业感悟于一体的声音在一个充盈着创富激情的商业世界里久久回荡。

王健林本人则依然激情澎湃，他为万达集团设定了更高更远的目标，2014 年万达的目标是集团资产达到 4500 亿元，收入 2400 亿元，经营净利润 150 亿元，其中商业地产收入 1830 亿元。万达集团要成为全球最大的不动产企业，未来万达要成为一家横跨商业地产、旅游文化、高级酒店等综合性的世界级公司。

过去三十年中国的经济发展故事，已经呈现五彩缤纷的叙事视角，其中既有官方以中国模式为主轴的官方宏大叙事，也有民间借财富传奇来渲染的传奇故事，而作为首富的王健林无疑是众多财富传奇的主角，各种带有成功色彩的商业策划书中，你都可以读到王健林和万达的故事。

王健林本人并没有显贵的血统，但是作为一名经历过长期军旅训练的、保持勤勉好学风格的企业家，他成功地主导了万达的几次裂变，成就了万达今天的商业帝国和他个人的财富帝国。放在中国过去三十多年经济发展大背景下，这个个案到底意味着什么，其中有什么意义？很多政经杂志、新闻媒体已经从多重视角进行了解析，王健林并没有刻意低调，他也接受过媒体的密集采访，以独特的视角来解释过很多万达的道路。

我们无意加入这种喧嚣唱和，也无意简单地表达惊奇，我们希望能挖掘王健林身上那些关键要素——个性、经历、商业能力、对政治和经济的把握等，通过企业家精神这个关键的整合器，来理解王健林的财富之路。为此《博客天下》派出了几组记者，前往四川、辽宁等地一线采访，编辑部也专门安排人手收集和梳理相关资料，通过行业对比、历史视角分析，最终以这本书的形式把我们的所得所思呈现出来。我们知道，相比于王健林和万达 20 多年的商业历程，我们努力探索记录下来的不过是皮毛。不过我们依然希望读者在通读全书后，能感受到王健林强大的精神动力，能透视万达集团走过的坎坷，能悟出其中复杂的政商关系，以及看到万达模式在今后所必然面临的挑战。最起码，我们相信这本薄薄的书中包含了很多正能量信息。

在多个场合，王健林都重复过"富贵险中求"这个箴言。经济学家熊彼特把企业家能力定义为创造性的破坏。冒险是一个企业家的基本素质，在商业模式的演变过程中，人们必须通过探索、试错，冒险支付很多成本，而大部分行为都失败了，只有那些少数幸存下来的企业家，可以成为成功的企业家，他们凭借他们的远见、效率和掌握的资源穿越了不确定的商业丛林。可以说企业家能力是一个非常宝贵的社会资源。

王健林对外呈现的是一个不断地打破规则的颠覆者形象。不过，王健林在自己的管理的领域内树立了一套复杂而细致的权威，绝不容许身在其中的人打破。这让他的人格看上去富有矛盾性，但并非不可理解。可能这与他长达 16 年的军队生活有关，对内组织纪律的严格控制与对外的强烈扩张，都是一支军队获取成功的必要因素。

王健林主导的万达集团，在中国这种特殊的政商环境中，能够一次次地摸准时代变迁的脉络，在一个不规范的市场环境中，不断地更新模式，成长为一个在多个行业举足轻重的企业巨头，并在将来的国际化征途中，与更多的国际巨头们同台竞技。这种非凡历程所展现出来的企业家能力，自然让人们叹为观止，但更应该获得人们的掌声和敬意。

王健林的经验，万达的发展轨迹，作为一个成功的个案，其在应对政商丛林的经验，包括其无奈之处，甚至一些不为外人所知的灰色之处，都赢得了我们的理解。但理解并不意味着赞同，更不意味着放弃希望。我们希望通过本书所叙述的故事和可能引发的讨论，形成一股舆论力量，成为改善政商生态的积极动力。

王健林和万达集团虽然是本书的主角，但是万达和王健林所置身的环境却是我们共同拥有的。政商关系的规范化、透明化，不但降低企业的交易成本，改善商业环境，提供更多的创造财富动力，而且可以让普通民众享受更加丰裕的物质生活，让每一位普通人过得更加有尊严。在这个意义上，王健林所经历的丛林，并非是他个人的独特冒险，而是与我们每个人的生活息息相关。

我们不能两次跨进同一条河流，所有的商业环境都在变化之中。在这个环境中发生的很多事件，包括生活方式的变迁、商业模式的演变、经济周期的冲击和社会心理的震荡，都是成功的企业家试图理解和应对的挑战。万达的独特历程和经验，不是他者所能照抄的，但我们也不能被同一块石头所绊倒，我们必须搬掉那些影响企业家才能发挥、影响正常财富创造的制度性障碍。

希望在无数人的探索和代价付出之后，我们所生活在其中的这个时代，能逐步穿越丛林。

《博客天下》杂志社主编 沈亚川

2014 年 10 月

目 录

目　录

第一章
早年故事：他是长子，是"匪头子"，是穿行于林间的劳工

1969 年，四川省大金县的原始森林树叶浓密，在大约一年时间里，15 岁的王健林几乎每天都要花一个多小时步行穿过林间。

当时王健林还叫"王建林"，他的母亲秦嘉兰为他取这个名字，是因为他父辈的事业是建设林业（入伍后，他更改了自己的名字）。作为阿坝州大金县森林工业局营林处一名工人，王健林的劳作内容是栽树挖坑以及烧炭。

丛林自有其规则，但王健林从未完全屈服。某种意义上，中国最有钱的商人王健林始终未脱离丛林。在营林处工作一年多之后，一贯大胆、有主意的他决定自己掌握命运。此后的生涯中，无论是作为军人还是作为商人，他都以少年时学会的法则对待环境：适应丛林，利用丛林，改造

丛林。

王健林人生中丝毫不缺乏他在原始森林里遇见的那类挑战。他凭着对财富的冒险追求以及对政治边界的高明把握成了中国最富有的人。他下一个目标是尝试用自己强大的资本扭转以往企业对政府谈判的弱势局面。

管理 10 万人的王健林最初的管理生涯，应该始于他童年的"孩子王"和"长子"身份。没有证据证明童年王健林有什么野心，但至少能够断定的是，他对商业所知不多。4 岁时，他跟随家人远离了中心城市的生活。

第一节　神秘家族：北上抗日的红兵后裔

他的父亲王义全是一位参加过长征的老红军。此前，外界对中国首富的家庭背景的了解，大多围绕着一些传言。有人说王义全担任过四川省委组织部副部长，还有人说他担任过西藏自治区的高级干部，是副厅级。

王健林极少承认或否认这些传言，他这种放任的做法部分加剧了外界对他拥有显赫家世一事的错觉，人们普遍认为：这是一位有着红色背景的巨富。

可以说，王健林父亲的身份带来的神秘感一直贯穿着他商业帝国发展的全程。

王健林的父亲王义全并不是传说中的副厅级高官，从王健林 4 岁跟随家庭来到四川省西北部的少数民族地区大金县到他 16 岁参军离开，王义全的职务一直都是县团级单位大金县森林工业局（以下简称森工局，后改称为林业局）的副局长，是副处级。他只是众多跟着红军队伍 1930 年北上、1949 年胜利归家乡的"红小兵"中的一员。

王义全并不是当年出走的"红小兵"中爬升官阶最高的一位，20 世纪 30 代，在王义全的老家苍溪，大批青年加入红军。从苍溪参军的"红色青年"中，有后来任国务院秘书长、中共调查部部长罗青长，浙江省委书记李泽民和中共西藏自治区党委书记任荣。

红军长征在四川的经历有许多颇为"传奇"的故事，比如飞夺泸定桥、巧渡金沙江、强渡大渡河……这些跃然纸上的战斗曾被视作红军战斗力和艰苦卓绝的明证，虽然历史的细节和真实性已经模糊得无法辨识，但毋庸置疑的是，中共红军曾在这里经历过生与死的考验，并且幸运地通过了考验，生存了下来。

王义全部分参与了这些战斗，他两次过雪山草地。1935 年 1 月，张国焘麾下的红四军为了策应北上的中央红军，在徐向前的领导下，选择苍溪渡口渡嘉陵江——这被认为是红四军长征的出发地。在苍溪，渡江的红军组织当地百姓建立造船厂，把 75 艘船只人抬肩扛，翻过山头，送到 40 多里外的塔子山主渡口。苍溪青年也从这里起步，跟着队伍开始红色革命。

早在 1933 年，川陕省苍溪县苏维埃政府就已经成立。有资料描述，红军在苍溪不到 2 年的时间里，发生了大小 100 余次战斗，大约两万五千人在战斗中阵亡。渡嘉陵江的红军共有 8 万人，其中包括红军离开苍溪的时候带走的 3 万多当地青年，而在当时，苍溪县总人口也只有 28 万。

王义全是他们中的一员，这个没什么文化的农家子弟最初的想法可能只是跟着队伍有饭吃。张国焘曾有过带领队伍另立中央的举动，这一度使得红四方面军的将领在到达延安后面临不被信任的窘境。幸运的是，在战争年代，士兵总是需要被保存的有生力量，王义全这个普通的红军战士没有受到上层风向的影响，跟着队伍，走到了 1949 年。

如今的塔山湾渡口已经更名为"红军渡"，苍溪也更多地依靠"红色资源"和当地盛产的雪梨来开展旅游业吸引游客。但在 20 世纪 30 年代，

20 出头的王义全并没有太多的选择，他像许多苍溪青年一样，南下出走、过雪山草地、北上。跳出了苍溪的王义全在战争和跋涉中活了下来，改变了自己，也改变了家庭的命运。

人们对于中国顶级商人财富获取手段的好奇和渠道的不信任，使王健林在成为中国最有权势的大亨后，他的父亲也被"神化"。但在当时的大金县副县长谢芸夫看来，这位没什么文化、字识的也不多的"老革命"之所以能得到森工局副局长的位置，还是因为组织的照顾。

1958 年，王义全受四川省林业厅的指示，带着妻子秦嘉兰和 4 岁的王健林到大金县负责组建森工局。谢芸夫对这位"个子不高、穿着有些朴素"的老红军印象深刻，从 1958 年到 1972 年，王义全在大金县（1960 年改名金川县）生活了 14 年。

这个四川西北部的小县城位于阿坝州，自古以来就是藏族和羌族的聚居地。与它同属阿坝州的九寨沟因为无可比拟的风景成名已久，大金县却没有太多值得被记取的物产和自然馈赠。但这并没有影响大批汉人在 20 世纪 50 年代后的涌入，在物资匮乏、火热的社会主义现代化建设加码加力的年代里，这里的未经开发的原始森林被认为是一片富庶的宝藏，吸引了可能是这个地区历史上规模最大的人口大迁徙。

森工局坐落于县城中心，与县政府一街之隔。当时担任大金县副县长谢芸夫因为工作原因和王义全打过不少交道。1958 年，中共八大二次会议通过了"鼓足干劲、力争上游、多快好省地建设社会主义"的总路线，大跃进像被点燃的棉花，以捂不住的态势火速蔓延。同年，王义全接到指派，前往大金县筹备森工局，负责开发当地存量丰富的森林资源。

整地、修林场、组织工人，在森工局的局长和书记还没到位的时候，王义全承担了森工局筹建的大部分工作，也时常去马路对面找主管农业的谢芸夫商量。

在谢芸夫看来，这是一位做事踏实认真、能吃苦但管理水平欠缺的干部。1958 年，苏联专家到大金县森工局考察，谢芸夫回忆在这次考察中，作为主管领导的王义全在面对苏联人时因为文化不高，"没有归纳性，说不出什么来"。

但这并没有影响王义全在工作中施展拳脚，这种建设时期知识匮乏的短板几乎是战争年代走过来的中共底层干部的通病。和王义全一起去北京开过会的李洪友认为，这个和陈毅差不多高的老干部虽然不识字，但毕竟走了不少地方，表达水平跟县上干部差不多。

王家进入大金8年后的1966年，狂热的政治风暴已经不可阻挡。各地革委会纷纷成立，远离城市、被原始森林包裹的大金县也不能幸免。1968年5月，四川革委会成立，随后不久便发出通知：各县抽代表，全省共抽调5300多人去北京学习半年，此外，还要接受领袖毛泽东的接见——这被认为是巨大的荣耀。

大金县的进京指标是2个造反派代表、1个老干部代表、1个红卫兵代表。老干部大多已经被打倒，没有见领袖的资格，当时作为副县长的谢芸夫正处在人生中最难熬的时候。"根红苗正"的老红军王义全被理所当然地推举了出来。同去的还有大金县东方红小学学生会主席李洪友，作为红卫兵代表，李洪友和王义全同吃同住半年多。

从四川开出的专列裹挟着狂热的情绪和爆满的人群驶往北京。这不是一趟轻松的旅程，座位下、行李架、厕所，到处都是人，大部分人没有座位。在忍受了吃饭困难、上厕所困难的4天4夜后，火车到了北京。

车里的人被强烈的荣誉感和即将见到领袖的兴奋感鼓舞，4天4夜里，对首都的向往和对领袖的崇拜使火车上的人群欢欣鼓舞，旅途看起来并不那么难熬。

在这期间,毛泽东请了3个代表团在天安门观礼台上与自己一起看焰火,其中就有王义全所在的"四川帮"。

李洪友清楚地记得当天的行程:代表团在中山公园坐上部队专车抵达后,见到了专门前来迎接的周恩来。之后,自己和王义全站在西一台观礼台看焰火看了近两个小时。

在北京的半年时间里,中央领导人、中央委员、省革委会领导都把来京的各地代表奉为座上宾。

毛泽东还专门在人民大会堂接见了"四川帮",五千多人坐在前六排。这一次,代表团里的人把毛泽东和周恩来看得清清楚楚。

李洪友形容自己当天的心情比五一时更激动,王义全是军队老干部,他穿着明显区别于红卫兵黄布服的部队干部服,情绪高涨。五千多人高兴、流泪,大会堂里的"毛主席万岁"震天动地,很多人直到散会才发现嗓子喊哑了。李洪友观察了身边的王义全,一路跟着共产党打江山的老红军显得比自己还激动,接见时间不过半个钟头,他看起来高兴得要昏倒的样子。

没有记录证实这是不是王义全第一次去北京，但显然他已经被这股强烈的气氛所感染。作为从长征时期一路走过来的 50 多岁的老红军，见到了革命的最高领袖，可能是王义全一生里最值得称道的经历，尤其是在当时。这也为王义全在"文革"时免遭迫害增加了砝码。毕竟，他是见过领袖的人。

王义全有一条在当地非常著名的皮带，据他自己介绍，是抗日的时候打死了一个日本兵，从敌人身上扒下来的。

王义全给不少大金人描述过这段经历，他说自己是从死人堆里逃过了一劫。日本兵扫荡的时候，枪弹快要打到他，他藏在日本兵的身体下面活了过来。

他曾在去北京期间动议要把皮带送给李洪友，但李洪友没敢接受。

皮带是王义全的权杖。"文革"的时候，成分不好的家庭会受牵连，但没人敢碰王义全。他是贫农出身，是参加过长征的老红军，即使是造反派也都认为他有资格不被整。在李洪友的印象里，王义全只受过一次攻击，但上街游行、戴高帽，从来没人敢对他这么做。

据森工局的职工描述，作为大金森工局的副局长的王义全，威望比局长、书记还高。他没有官架子，很受敬重。而他每月 80 块钱的工资也着实让不少人眼红。1956 年，全国实行工资制度改革，依据各地自然条件、物价和生活水平、工资状况，照顾重点发展地区和艰苦地区，将全国分为 11 类工资区，多一级多两块钱。大金县属于九类区，工资的基数高。县上的大学本科生每个月可以拿到 60 块钱。在县里，工资最高的是县委书记、武装部政委，之后就是王义全。

不管是三年大饥馑，还是之后的"文革"，王家始终吃得饱饭，这在那个年代，简直是天大的好运气。

他还有多余的钱和精力拨出去关心更穷一些的农村孩子。李洪友和他的朋友们没少吃王义全买的冰糕和糖。他形容王义全是个很好的老头子，活跃、爱开玩笑，非常和善。

川人喜欢聊天，茶余饭后摆摆龙门阵。王义全喜欢和职工子弟摆自己"打鬼子"的经历。他会给当时还是学生的李洪友买冰棍儿、啤酒，拉去自己家喝茶，他找来一堆听众，仔细地描述怎么拼枪、怎么拼刺刀。大金县几乎每个人都知道：王健林的爸爸是个老红军，是打日本人出来的。

这是一个有着坚定的红色信仰的老红军。他会时常教育前来听抗日故事的学生们热爱祖国、热爱党。他爱谈论热爱祖国，好好读书，将来如何建设祖国。李洪友和自己的朋友一度觉得王义全太老旧了。

这也部分影响了王义全对儿子们的管教，他总是很严厉，喜欢把努力、好好学习、有机会要多读书、去当干部挂在嘴边。这是一位军队出身的干部，说话直接干脆。

父亲的威望也给年幼的王健林带来便利，火热年代里人们对红军老战士的崇拜和仰视使王健林在父亲的庇荫下也得到了同龄人的拥戴。在大王健林几岁的玩伴陈志阶看来，很多小孩都围绕着他，因为知道他爸爸是老红军，希望能通过王健林认识他爸爸。王健林也爱组织娃娃们一起玩耍。

这是一个红色家庭成长起来的商人，在王健林童年的生活中，革命、信仰、军人做派在他生命中的烙印影响至今。他的万达集团以高效的执行力和严格的纪律著称，他见识过政治摧毁一切的力量，也明白它能赋予个体强大的优势和荣誉感。王健林站在红色原点上，16 岁那年，他选择和父亲一样，用参军的方式改变命运。不一样的是，他并没有满足于此，在离开家乡 16 年后，他又跳出了给了他荣誉和机遇的部队，脱下军装，成为中国最富有的人之一。

王健林 85 岁的母亲秦嘉兰住在成都一家顶级小区的别墅内，府南河从小区门口绵延而过。紧密的保安会细致盘问来访者，尤其是当你告知自己要造访的地址是位于小区中心黄金位置、董事长家的时候。

董事长本人并不住这里，节假日时会抽空回来。这套三层别墅由王健林的万达集团开发，市场价如今已逼近 1000 万元。室内布置并不奢华，没有多余的装饰与家具。对老人来说，好看远没有便利来得实用，王健林为上了年纪的母亲装了一部室内电梯。

家里最多的摆设，是秦嘉兰和王健林以及他的妻子林宁在各个场合的合影。秦嘉兰保持着早年朴素生活的习惯，她只习惯性地在右手上戴了一只边框已经发灰的手表，没有任何金银首饰，她会对来访者说，戴金子让自己不敢出门。王义全在 2013 年 5 月去世，去世前，他担任的最后职务是四川农业大学都江堰校区副校长。

1953 年元旦，在区委书记介绍下，她与大自己 18 岁的王义全结婚。组织介绍的婚姻关系在新中国成立后的一段时间非常普遍，所幸王义全是个好人。

秦嘉兰常挂在嘴边的一句话是：他什么都由我做主，一辈子没有欺负过我。

识字的秦嘉兰更多地承担了教育儿子的责任。她曾有过还算不错的家庭。但是因为父亲吸食鸦片，卖了房子田地后，开始准备卖妻女，秦嘉兰的妈妈就把女儿背到山上的庙里，住了下来。

秦嘉兰说自己是在庙里长大的。幸运的是，那座叫"上清观"的庙里成立了小学。秦嘉兰每天的任务就是在早上上学时，给学生们打开两道山门。得益于住在学校的便利，她有机会读书识字。老师会照顾这个住在庙里的小姑娘，把别人读过的书拿给秦嘉兰，她形容自己脑壳不算笨，差不多都能记得住。读古书、读新思想，因为有文化，她成了新中国成立后苍溪县石门乡第一任女乡长。

在秦嘉兰眼中，20 世纪 50 年代举家迁往大金县城是一件幸运的事。

"外面都在饿死人，我们还能一个星期打一只兔子吃。"大金县有不少荒山，不划片区也没人管。秦嘉兰独自一人过铁索桥去对面山上开荒，种苏联甜菜，自己养兔子。

每当回忆起上面长着叶子、下面长大萝卜的苏联甜菜，80多岁的秦嘉兰都显得异常满足，两三斤一个的萝卜可以满足全家人的需要。"皮刮了，切成条，炒成萝卜干给娃娃吃，娃娃们吃得好甜。"上面的叶子老了还可以喂兔子。

大金人也在寻找一切可能的机会填饱肚子，种洋芋、莲花白。森工局的干部们有枪，还可以时不时地打点儿野鸡、獐子回家带给孩子们。

更幸运的是，即使在"文革"时，当官的王义全也没有受到任何牵连。他不参与争斗，也没有加入工人们的造反兵团；他不支持造反派，也不参与整人，在"文革"里饱受欺辱的谢芸夫对此颇为感激：王义全是个正直的老红军，也是个好干部。

困难时期，在地方的国有企业工人往往过着比当地老百姓甚至机关公务员更为优越的生活。森工局占了县城机关地皮的一半，摊子大、工人多，光是局机关（只在县城）的职工就有六七百人。不仅设有自己的供应站，后来还陆续建起了小学、中学。

森工局里的房子大多是平房，一排几户人家。房顶铺瓦，墙上涂着石灰，一扇门进去，可以见到一格厨房，再往里走，是住的地方，王家的门外还搭了一个棚。在大金的十几年里，王家一直住在这儿。普通工人房子的标配是一间平房，50多平，王家是一间半。相比起来，这已经算是组织的优待。森工局有自己的食堂，饭菜质量比县上的机关还要好，不少县上干部会绕道去吃饭。因为取用木材便利，这里一年四季都有热水。高原地区冬天冷，林场会把取暖需要的柴火砍好，发到每一家，用柴多少并无限制，这样的福利让企业外的人颇为嫉妒。不过王家显然日子过得更好些，他们不会去食堂，而是在自己的家中烧柴做饭。

在大金，森工局有着优越的地位和资源。当时大金县有3辆北京牌照的小汽车，县委一辆、武装部一辆、森工局也有一辆。县政府没有大车，但森工局运木材、运粮食的解放牌大卡车有十来个，另外还有自己的大客车。春节时工人们回家，森工局会派车接送。李洪友回忆，自己下乡到基层去，能够赶上搭乘森工局的大车，就觉得非常光荣。

背靠着与外界隔绝且资源丰富的高原地区，加上母亲的劳作、父亲优越的工作待遇，王健林幸运地没有饿肚子。陈志阶回忆起王健林少年时的形象是：不高，胖墩墩的。

第二节　青葱童年：森工局的"孩子王"

王健林是家中长子，当时已成为大人最得力的帮手。繁重的劳动模糊了孩童和青年的界限，和大多数同辈人一样，王健林也早早地承担起家庭的责任，并获得了超越年龄的历练和成熟。

白天，他的父亲要去开会，在森工局总务股工作，负责发工资、制工资表、发办公用品的母亲则忙于日常工作，晚上还要去地里开荒。照顾4个弟弟的责任全部落在王健林身上。秦嘉兰不停地强调，老大是自家的顶梁柱，聪明能干，弟弟们都愿意听他的。外人眼里的首富和风云人物，在她的话语里始终是童年那个可以依赖的儿子。

王家的五个儿子从小就是家里的劳动力，因为年纪长，下地干活时，老大王健林是最卖力的。秦嘉兰觉得这个大儿子时时刻刻都在给弟弟们做表率。大人们晚上去开荒，家里留下大的带小的，他还得看着弟弟们写作业。

直到年老到已经对很多陈年往事的细节记忆模糊不清，秦嘉兰还不忘强调，能有现在的日子，多亏了大儿子。

王健林曾和自己的母亲开玩笑时埋怨，"谁让你给我生了那么多兄弟？"

在青春期到来前，王健林很好地扮演了家中"长子"的身份，这种处于家庭中心的心态也让他在外面成为孩子们的中心。

"他是个匪头子，是一群孩子的头。"陈志阶说。在四川话中，说一个孩子是"匪头子"意味着，这个孩子不喜欢墨守成规，是集体中的不安分者。

似乎要证明那句四川老话"循规蹈矩在屋里头的娃娃没出息"，童年的王健林留给周围人的印象是独立、有想法、调皮。男孩们之间打闹时，他爱做头领。

和王健林从5岁玩到12岁的王建军形容自己儿时的玩伴：嘴巴会说，头脑思路清晰。

森工局的院子大、环境好，适合精力过剩的男孩儿们打闹、追逐。王健林和贫乏年代的其他男孩儿们一样，经常玩儿的不过是捉迷藏、爬树、打弹弓这些便宜可得的游戏，但他带着弟弟和同龄人玩得不亦乐乎。森工局里李子多，王健林经常带着4个兄弟打李子、玩沙子，在供应站的背后捡肥皂箱。外面正闹得如火如荼，但对王家兄弟来说，却可以一直在自己的小天地里自得其乐。

与众多森工局职工子女一样，到了上学年纪的王健林进入了城关小学，这所小学在 1966 年"文革"开始后更名为东方红小学，但那时，王健林已经读完小学五年级毕业了。

城关小学是阿坝州数一数二的学校，校风严谨，甚至"文革"的时候还保持了基本的秩序。除了语文、数学两门主科，学生们还要学习美术、音乐、体育等课程，业余活动也很丰富，学习、画画、野营、爬山，农忙的时候下地、帮农民捡麦子占据了大部分课外活动的时间。

小学生王健林并没有特别出格的举动，最值得说道的只是在班里一直当班长。后来成为城关小学校长的李洪友曾做过调查，在这所学校里，表现最好的是金川农场的子弟，其次就是森工局子弟，森工局子弟一般都可以接父辈的班，当个林业工人，这在当时是非常好的去处，比当干部还要有优越感。

王健林喜欢的业余活动是打篮球。虽然日后，他与另一项运动——足球牵扯更深也更久些。他时常在比赛里展现出好斗的特质，但终究只是个娃娃，并没有太突出的表现。

从东方红小学毕业后，他升入了当地唯一的一所中学——金川中学，一所教学质量在当地也值得称道的初中。师资力量里，本科、专科毕业的老师占了将近五分之一。身为学生会主席的李洪友对王健林的印象并不深，只知道他爸爸是和自己一起去北京的王局长。而在当时火热的红色运动中，比王健林出名的学生多得很。

第三节 林业工人：栽树烧炭的少年劳工

王健林在大金的教育经历一共只有 7 年。陈志阶回忆，森工局内部要招收职工子女，到营林处去工作，王健林就从学校出来，成为运林队的职工。

运林队的工作是一项苦活。同是林业工人的陈志阶对此有着痛苦而深刻的记忆。当时城里的孩子不大愿意去，都是从农村招的工，王健林很能吃苦。

李洪友的叙述则与此有出入。初中没毕业就有工作，已经属于照顾关系户了，一般人不会有这个机会。没有机会解决工作的人会去读中专、考大学，考上中专才能拿到铁饭碗。但王健林没考中专就有铁饭碗，同样的年轻人只能去林场打零工，而王健林是正式的。

王健林被分配到了马尔足运林队。

森工局工人的生活十分规律，七点起床，七点半讲安全，八点钟上班，晚上五点钟下班。上班、下班要走 1 个多小时的山路。

在马尔足的日子里，王健林住在林场的瓦片房里。远在山沟沟里的马尔足离大金有将近 10 公里左右的路程。从局本部去马尔足，要先走 4、5 公里公路到沟口，接着爬 3、4 公里的山从沟口到运林队。这大概需要 4 个小时的时间，运气好的时候，他能在路边搭上顺风车，运气不好时，只能自己走。在这里，他每个月可以拿到三四十块钱。

王健林的主要工作是栽树，在林业工人里，这算是一个不太辛苦的活儿，每天发一百只小树，栽完下山。山上的生活很艰苦，工人们自己背着冷馒头、水壶，吃饭时就水喝。林区不能烧火，不能抽烟，冬天时还冷得够呛。

王健林甚至还从事过另一项更为艰苦的工作——烧炭。把木材砍成一节一节，放在炭窑里烧，接着出炭，封窑。一趟活下来，周身乌漆麻黑，烧好的炭抱去挨家挨户送给职工。王建国猜想王健林还是蛮喜欢烧炭这份工作的，因为当时有工作还是很不容易的，王健林会回来跟他们描述自己在山上都做了哪些工作。

那个时候的王健林才十五六岁。从事同样工作的陈志阶形容这个领导的孩子"很能吃苦"。

从住处到工作地点，王健林要爬一个多小时的山，如此反复的过程维持了接近1年。没人知道在这一年多中，林业工人王健林都在想什么。但在营林处工作了1年多之后，他决定去当兵。一年前，中苏边境爆发珍宝岛冲突，出于对战争危机的考虑，中国迅速增补了一大批军人。

王健林当兵的想法也得到了母亲秦嘉兰的支持，这位老红军的家属认为，子女应该继承前辈的光荣传统，家里的老大就应该是个军人。

同届一起进入森工局工作的职工子女，一共有九个。在这九个人中，王健林不算突出。大部分少年的旧相识对王健林的印象已经无法与今天这个站在中国商业顶峰的巨富相联系。他们中甚至有人猜测，如果没去当兵，王健林一辈子都在大金，最多也就是个中层干部，成就也许未必能超过他爸爸。

但王健林显然并没有在此驻足，虽然他参军费去了不少周折。阿坝州属于少数民族地区，这里不征收吃商品粮的青年参军（即有城市户口的青年），秦嘉兰把王健林送回了苍溪老家，在那里上山下乡后，进了部队。

陈志阶的叙说却是另一个版本，"王健林表现得相当好，本来可以直接从金川去当兵，但因为森工局说他母亲成分不好，就在这件事情上卡了他。"

这种说法得到了李洪友的认同。秦嘉兰和森工局的领导都曾向他证实，王健林能当兵，得益于父亲在部队的旧人脉。王义全抗日时的部下、一位姓沈的团长带着部队来大金拉练，路过森工局探望老领导时，问道："首长，你有啥子要求没得？"王义全是个老红军，话很实在："我有啥要求嘛，你把我那个大儿子弄去当个兵吧。"李洪友说，正是这个人帮了王健林的忙。

在同龄人看来，森工局几万人，没有关系很难参上军。饭吃得饱、有个工作已经是运气。从森工局当兵子弟的寥寥无几。当时正值"文革"，部队对士兵的筛选很严格，因为认定秦嘉兰的成分是地主，森工局不敢给王健林政审，也不出推荐材料。

走前，王健林把当兵的消息告诉了王建军，王建军说自己根本不信，以为是王健林在吹牛。当兵很难，王建军认为王健林无论如何也走不了。他说自己是后来才知道，王健林的爸爸在他们老家苍溪找一个熟人帮忙，用了那儿的参军名额。

陈志阶则认为，这段不悦的经历是造成日后王健林对他童年生活过的大金县冷漠的原因之一。阿坝州州庆时，现在已经更名为金川县的大金县组织"雪梨节"，县上请王健林，却被王健林一口拒绝。

"我只是在这里读过书，参加过工作，对金川，没有任何感情。"陈志阶转述说，"这是他的原话。"

从大金离开后，王健林在苍溪老家上山下乡，没多久，便从这里当兵，去了吉林。他曾在一次采访里透露，自己离开老家的时候，母亲告诉他：一定要当"五好战士"，要争取超过自己的父亲。入伍的第一年，王健林实现了这个嘱托。

入伍后的王健林一直保持着给秦嘉兰写信的习惯，刚开始当兵时一个月两封，渐渐地，频率变得没那么密集，但习惯一直得以保存，直到他去大连。前前后后的 300 多封信被秦嘉兰放在一个盒子里。

20 世纪 80 年代中期，王建国在成都林业厅招待所见到了回乡探亲的王健林。少年时的朋友并没有觉得疏远。王建国觉得，当过兵的王健林变精神了。那时候自己是个普通工人，而王健林距离开发他的第一个商业楼盘也还有两三年的时间。

第二章
军旅故事：部队里的思考者与独行者

第一节 参军入伍：怀抱梦想的"娃娃兵"

一位当年的战友曾在微博上回忆王健林第一次来到陌生环境的情景。
"1971 年初春，吉林省集安县鸭绿江边的大山深处的军营里来了一批新
兵，这是我第一次见到王健林。他们当时属于特务连侦察班，新兵里面
有四川和辽宁抚顺的，班长去挑选新兵时，他先选两个抚顺兵，然后走
到一个又小又瘦的小兵面前问他想当侦察兵吗，他说愿意。"这个小兵
就是王健林。

当时的王很瘦弱。"肥大军装、硕大皮帽和大出一号的皮大头鞋，一套
行头穿在他身上有点滑稽。"但他很好地抓住了对方抛过来的机会。在
往后的人生中，这种不放过任何机会、勇于挑战的性格特点还将继续出

现。

一位跟王健林同属沈阳军区守备三师的侦察兵告诉《博客天下》的记者，当年侦察班的工作内容除了野营拉练之外，还必须学会各种技巧，包括解除障碍、飞檐走壁进入敌人房间盗取机密文件，用密码画军事图纸等，如果有必要的话，还会让侦察兵们在晚上去某个指定的坟地，挨个搜索坟包只是为了找到一张事先藏好的纸条。这一切，都意在锻炼他们的勇气和胆量。

不过，显然王健林对这一切都是做好了心理准备的，他在成名后曾接受一家媒体采访时说，自己在参军前，曾专门找来一本名叫《死亡学》的书籍研读，对未来可能遇到的一切都做好了预期。

这种事先对困难有所预期的习惯让王健林在军营里不断成长，在未来的几十年中，重新审视这个十五六岁就参军的男孩，可以看到他似乎准备好了迎接一切未知的变化，并迅速做出正确的反应。

他像海绵一样不断吸收部队组织的规则，并牢牢记住这些规则的优点。在未来的商业竞争里，他提取记忆，按照军队规矩，最终成功打造了属于自己的商业帝国。

2013 年 11 月，大连，一个寒冷的下午，中山区武汉街和金城街交汇处的一家东北海鲜馆，几位老人一一赶来。

他们都是王健林 20 世纪七八十年代在大连陆军学院时代的老领导，在位于大连市中部金州区龙王庙村的陆军学院里，他们和王健林一起度过了 8 个年头。这些人中包括王健林在陆军学院时期的老师张昌军，区队队长吴乃燕，队长张宝纯和同事孙皑沅。几位老人凑在一起，尽量向《博客天下》的记者还原王健林之前不为人知的军旅生涯。

让我们先把时间倒回到 1969 年，万达的官方资料上显示这是王健林入伍的时间。区队长吴乃燕记得，王健林应该是那一年的 12 月份正式参军，进入沈阳军区守备三师，不过按照部队的例制，他只能算是 1970 年的兵。

王健林进入部队的时候，外面的世界并不平静。那一年是"上山下乡"运动最为波澜壮阔的一年，每座城市、每所学校、每条街道、每个家庭都身不由己地卷入了这股大潮。

张宝纯当时还不在大连陆军学院，而是在一个部队里参军。他记得，就是在 1969 年，突然之间，军营里一夜之间涌进了大批新兵，而就在一年之前，他们连队下乡鼓励年轻人参军，申请的人却寥寥无几。

没有证据说新兵的大批出现和那场整治运动有关，但是，事实上，在那个兵荒马乱的年代，很多家庭都不想让自己的子女去乡下接受贫下中农再教育，而参军入伍，则是脱离那股浪潮的有效方式之一。

第二节　野营拉练：茫茫雪原的严苛磨炼

在进入大连陆军学院之前，王健林曾经历了一段艰苦的野营拉练生活。

王健林是地地道道的南方人，尽管他也曾在绵阳市和广元市交界的地方——苍溪县过了大半年的农村生活，但部队的野营拉练远远要比农村生活苦得多，尤其是东北的气温很低，每年十月份基本上就进入了冬季，而到十一二月更是大雪封山。拉练就是到荒郊野地里进行训练，而在那个年代，训练多数还停留在针对体能与适应环境能力的训练上，具体的操作方式无非是在茫茫雪原上不断行走。

对15岁的王健林来说，这种强化的野外训练考验的不只是他的体力能否吃得消，更关键的是他在思想意识上能否经得起种种严酷考验。

团里知道王健林的情况，又考虑到他才 15 岁，所以在其配置上都尽可能地以轻松为主，比如在发放枪支时，团里特意给他配发了一支相对比较轻的手枪。然而枪支可以给他发轻的，其他的军需物品却与其他的士兵没什么区别，比如被褥以及那些在行军过程中士兵所需要的其他物品，而这些物品加在一起少说也得有十多公斤。

根据有限的资料可以看出，那场经历是一个巨大的考验，甚至给这个未来的中国首富带来了可能的生命危险——野外厚厚的积雪、饥肠辘辘的野兽，以及被埋在雪地里看不到的陷阱。

在野营拉练中，每天至少要走六十里，甚至七八十里，走不动的人可以去坐标明"收容车"的汽车，但是这一坐就把评先进、评好战士的机会坐没了。

在这种又冷又累的情况下，饭量自然增大，王健林常常觉得饥饿难耐。当时他的班长看他年纪小又吃不饱饭，就对他说：小王，我教你吃饱饭的招儿，但你首先必须承诺坚守秘密。王健林同意保密后，班长告诉他，先盛半缸饭，即便再慢，也一定比满缸的人吃得快。吃完后再去盛第二缸，盛满满的一缸，就相当于吃了一缸半饭，就肯定能吃饱了。凭着这一招，王健林在野营拉练的路上就吃得饱饭了。

但是即便吃得饱，野营训练依然是难以想象的艰苦。王健林曾亲眼看见一个干部坐在雪地上哭，说不走了，党员不要了，排干部也不要了，就是不走了。可见，能坚持下来的人只占少数。而仅仅十几岁的王健林竟然坚持到了最后。王健林说，一路上支撑他的就是一种信念，是母亲的嘱咐，"要当好战士，争取超过你的父亲"，就是靠着这样的信念和坚持，王健林才能在入伍的第一年就当上五好战士。

这次野外拉练给他留下了终生难忘的记忆，也带来了一种脱颖而出的快感，因为在全团1000多名官兵里，能够从始至终完成这次野外拉练的人只有400多个。王健林后来每每提及往事，甚至在谈到自己是如何创业成功时，总会提起这段尽管艰苦但十分快乐的两个多月的时光，并将之称其为对自己未来的人生影响甚为重大的一件经历。

不过，当时的"小兵"王健林并不了解外面世界的变化。他按部就班地在吉林当着边防战士，运用之前在侦察班里训练的所有能力和知识，在1974年入了党。

1974年还发生了一件事，那一年，30岁的任正非从重庆建筑工程学院（现已并入重庆大学）暖通专业毕业后，应征入伍，成为承担工程建设任务的基建工程兵。

他谈到自己的那段经历时曾说，"一个人再有本事，也得通过所在社会的主流价值认同，才能有机会。'文革'对国家来说是一场灾难，但对我个人则是一次人生的洗礼，这使我政治上成熟起来，不再是单纯的一个书呆子。"

而在当时的中国，主流价值是由工人、农民和军人所主导的，这三种身份对于受过大学教育的任正非来说，选择从军也许是最现实的选择，而后来任正非进入军方的研究单位则是他最佳的选择。

军队给予任正非很多，可以说，任正非的性格特征与这段军旅生涯密切相关。在部队里，他养成了宠辱不惊的心态。由于当时受父亲"不清白"的身份影响，任正非从未得过嘉奖，但是他并不抱怨，"我习惯了不得奖的平静生活，这也是我今天不争荣誉的心理素质培养。"

同样也在那个时期入党的还有现在的华远地产董事长任志强、万科集团董事长王石，海尔集团的张瑞敏以及联想集团的柳传志。

虽然参军的背景和原因各不相同，军人身份给他们此后的发展都带来了不同的影响，但是，这些企业家在未来谈到此前的军旅生涯和峥嵘岁月时都曾表示，参军奠定了他们一生的性格基调。他们从不淡化自己的军人情结，总是试图用一种"军事化"的模式去解决企业问题。

那段经历还给他们带来了一段虽艰苦却相对温柔的岁月，在封闭的军营里，不同背景和出身的他们成功地躲避了外面的文革乱世，并不断学习军人的规则，这些在他们离开军营投入改革开放浪潮中时，让他们迅速适应环境，靠着敏锐的观察力和前瞻性，将军队的管理和思想转化为符合逻辑的商业思维。

总之，这些企业家身上有着那个时代留给他们的强烈烙印，他们的经历带着明显的中国特色，但也吻合美国式白手起家者的致富轨迹。

不过，在离开军营之前，这些未来的房地产和财富大佬们还要继续在里面接受训练，并按照自己的方式去适应属于军队的生活和节奏。他们中有些人很快官升一级成为领导者，有些人打算离开军队去更广阔的世界，还有些人则做好了打算，准备在军营里给自己彻底的磨炼和洗礼。

如果说，跟着部队去野营拉练，并完成了所有规定的训练程序，意味着王健林试图成为一个规则执行者，那么在进入大连陆军学院之后，王健林叛逆的一面逐渐展现，他开始对此前服从的规则提出挑战。

第三节 陆军学院：千里挑一的"优等生"

1978 年，辽宁省大连陆军学院开始招生，当时该学院只面对来自沈阳军区的优秀军官和战士。那一年，王健林以排长的身份被推荐到陆军学院步兵一大队二中队二区队八班。和他一起被推荐进来的军官有近千人，按照规定，他们作为年轻的军队干部进入学院进行一年半到两年的学习培训后，身份可以晋升到连长级别。

陆军学院教师张昌军现在还时常回忆起王健林那批"新生"前来报到时举行的开学典礼，上千人的队伍站在操场上，听领导们轮流讲话，谈理想，谈规矩，谈教学培养计划，当然也谈到了毕业后的未来。

如果不出意外，王健林们毕业后，都要回到自己原来所在的部队继续为社会主义建设奋斗，只是军衔升一级，并把学院里学到的知识应用到部队的管理上面来。

张昌军那时候并没有注意到王健林，也无法探究他当时站在哪排哪列，脸上有着什么样的表情。因为在他看来，下面"乌泱泱"站着的"新生们"

都有着差不多同样年轻的面孔，他们同样的优秀，并且很可能在未来有着相似的命运。

张昌军当时还不会想到，时代的车轮转向，注定要将这批人拉开距离。

虽然当时已经过了十年浩劫的时代，但是过去的资历和对家庭出身的考究依然在军营里流行。对于王健林，吴乃燕直到今天仍把他划分到高干子弟的行列，"他父亲肯定是老红军，我以前和别人说过，他爸爸是西藏军区的一位领导，这个事我现在就不敢说了，我拿不准。"

他"拿不准"的原因在于，他并没有就此事向王健林咨询求证过。当时，在学院里关于王健林父亲的官职情况曾引起过议论和传言，吴乃燕的印象是，王对此保持低调，不愿做任何解释和回应。

不但如此，甚至有一次，学院里搞了一个忆苦思甜的讲说会，王健林还主动起身发言了。在几位老战友的印象中，王当时提到了自己祖辈的生活经历，并一再感慨过往生活的艰辛，"他说自己的爷爷是旧社会的农民，受封建地主的压榨，自己的父亲之前也是农民，生活困苦，当时他表现的颇为动情。"一位老战友说，当年，军营里的很多活动都打着时代的烙印，虽然"文革"已经结束，但是这十年留存下来的余温，依然让很多军士愿意保留贫下中农后代或者工人子弟的身份。

根据王健林当时的军事课教师张昌军回忆，王给他留下的印象是比较特立独行的，甚至还略微有点调皮。这种感觉在每次上军事课程时都非常明显。

由于军人统一管理以及听从指挥的属性，他们中很少有人站出来反驳教师，王健林在这方面却反其道而行之，经常提一些让张昌军一时之间无法回答的问题。

一次张昌军讲军事伪装课，底下的上百位学员都对内容没有争议，只有吉林边防部队出身的王健林起来提问，为什么在雪地上伪装要将身上铺满雪，而不是更简单地直接盖张白床单呢？他就这个问题和张昌军争论，直到张最后告诉他，雪地反光，但是床单色调较暗，如果敌人用紫外线一照射，很容易露出马脚，最后王健林才接受了老师的观点。

还有一次，张昌军讲到在战争中用火炮射击敌军坦克的战术。他告诉学生们，射击坦克的时候，应该在坦克拐弯时，在弯道的内侧埋伏好火炮和炸药包，因为从理论上说，在弯道的内侧可以更大面积地接触坦克，这在当时是军内公认的正确理论，从没有人提出过异议，就连教材上也是这样写的。

但是在讨论课上，王健林则提出，在弯道的外侧伏击坦克也是可行的，并提出了自己的理由。

张昌军和其他教员们商议了一下，认同了王健林的观点。甚至在下一年教材改版的时候，张昌军还将王健林的建议写进了教材供以后的学生学习使用，"新的教材一直到2004年陆军学院被撤销的时候还一直在用。"

这两件事让张昌军在上百位学员中很快记住了王健林，不过让他对这位军官刮目相看的是，由于当时军官培训的实际需要，一些教材上面的知识老师会一带而过，甚至不讲，但是王健林坚持认为，只要是知识就都要汲取，不应分先后主次。

他课后去找张昌军提出自己的观点和疑惑，"我当时有点开玩笑地和他说，'那你晚上7点来我办公室吧，有些知识和问题我们可以探讨一下。'到了晚上七点，王健林真的来了，并且一连持续了几天。"张昌军说。

到了后来，一些很难懂的知识点王健林却能用很简单的一两句话概括出来，这让张昌军对他的进步感到惊讶。

除了善于思考，王健林还给老战友们留下了其他的印象，关键词通常包括勤奋、善良，以及喜欢独立思考。

吴乃燕一直记得这个故事，1978 年的冬天，学院进行单兵进攻科目，具体过程是，每位学员要独立完成朝向动作、指向动作、匍匐前进、穿越障碍等任务。吴乃燕说，很多学员动作完成得很好，但是王健林不行，不够灵活，也不准确，考核成绩属于下游。到了中午别人都去午休了，王健林还不休息。他叫了个教导员在旁边协助，自己反复练习，最后穿着的棉衣都磨破了，肘部磨穿了，终于取得了"优秀"的考试成绩。

如果说这件事情给人留下的印象是王健林的坚持和不服输，那么陆民杰讲述的故事则勾勒出一个思维独立、特立独行的年轻人形象。

在一次非常关键的考试中，王健林其他方面都是优秀甚至满分，但是只有一科成绩比较差，就是战略战术的考试。实际上，王健林在这门课的理论考试上已经得了优秀，但是到了战术定向考试时，王健林出了岔子。

"题目是如果有一场战役，根据给出的山地地形回答，在山的哪一边布兵可能更合适。教案上的正确答案是在左边布兵更恰当，但是王健林做出了相反的回答。根据教案上的规定，这道题王健林算错误。"陆杰民回忆道。

但是陆民杰却注意到，王健林虽然做了错误的回答，但是他在考卷的下面分条列出了选择右边布兵的理由，一共列了六条，"仔细看一下，实际上他的理由和分析也都是有道理的。"陆民杰说，作战指挥本来就应该灵活而不拘泥于理论，加上王健林作为学院最优秀的学生之一，应该是知道这道题教案上所谓的正确答案的，"但是他没有死记硬背，而是按照自己的理解，做出了自己认为正确的答案，即使这个答案和教案上的标准相悖。"

而王健林的另一位老战友对王健林的记忆则停留在一个滴水成冰的冬季夜晚。当夜他拉肚子，身体非常不舒服，按照之前规定的轮岗，他的站岗顺序在王健林之后。但是王健林站完了自己的那班岗，并没有去叫醒这位战友，而是一个人又默默地将战友的岗值完，直到下一个战友来替换，"这件事王健林一点都没声张，直到现在几乎都没有人知道那个夜晚，这个未来的民营企业巨匠，在那个滴水成冰的冬夜里是怎么孤独地连着站了两班岗。"

1979 年 8 月份，王健林从大连陆军学院毕业后，由于成绩优秀，留在学院的大队当参谋。吴乃燕记得，当时整个学院上千名军官训练生，取得留校资格的只有两三人，"王健林可以说是千里挑一的人才。"

参谋王健林很快表现了自己的另一种才能，那就是写文章和诗歌。他的老战友孙皑沅当时观察到，很多人一起聊天时，王健林每次都会拿着小本子做记录，两三天后，他写的新闻、随笔或者评论就出现在《大连日报》《人民日报》或者《解放日报》上面，当时沈阳军区办了一个《前进报》，王健林最喜欢往那边投稿，孙皑沅说，当时队里一年发了20余篇稿件，九成以上都是王健林贡献的。

除此之外，王健林还喜欢写诗和拉二胡，他的老师张昌军记得，这两样他表现得同样非常优秀。

张昌军也是个喜欢文学创作和诗词歌赋的人。他记得，那时候社会上比较流行朦胧诗和伤痕文学，海子、顾城和亦舒等文学家在军队里颇受追捧，他们的作品经常成为军人们闲余时间谈论的话题。

张昌军说，王健林也喜欢这些，但是他创作的诗歌更多的却是反映军旅生涯的和军士训练的，甚至不乏在诗里喊些口号，"我印象中，他写的诗歌里，有写军队训练的小故事，也有类似'跟着中国共产党走'和'以经济建设为中心'这样的话语，多传达'前进前进前进'一类的鼓舞人心的思想，很有正能量。"

2013 年 11 月 28 日，《博客天下》记者跟随张昌军一起来到距离大连市区 30 多公里的原大连陆军学院，这里是培养陆军基层指挥干部的初级指挥院校，位于大连市的中部地区，离闹市区有一个多小时的车程。早在 20 世纪七八十年代，这里还属于对外界封闭的军事训练区，是标准的荒山野外，不过近十年来，随着部队改制和工业化进程，曾经荒无人烟的学院周围已经开始出现工厂、田地和人家。

从东门进入原来的学院，走了两三百米就是王健林之前住过的寝室，三层的寝室楼有着颇为传奇的经历。张昌军说，地下室和一楼是日本 731 细菌部队修建的，抗日战争期间曾被日军拿来做人体生化试验；二楼是苏联人盖的，而三楼则是中国军人盖的。当时王健林住在三楼。

记者看到，寝室楼已经被关闭，能透过玻璃看到的大厅已经是一片狼藉，只有一个近 2 平方米大的黑板孤零零地立在那里。当年，王健林每隔两三天就会用粉笔在这个黑板上更新自己的诗歌创作，供其他的战友阅读。

距离这个宿舍楼不远有一个礼堂，用于学院开大会使用，王健林曾负责将辽宁大学的教师请过来，在这个礼堂里给战友们上文化课。礼堂每周还会放一场电影，王健林和战友们曾坐在这里看朝鲜的经典老电影《卖花姑娘》。

原大连陆军学院里还有一个校史展览馆，张昌军自豪地告诉我，这个展览馆是他一手创建起来的，为了让后人铭记陆军学院的那段历史。

在展览馆里，前面的一面墙上挂满了学院历任校长的黑白照片，而最里面的一面墙上，则有一张王健林的照片。他被贴在一个叫作"四化建设栋梁"的板块中，王健林的照片被排在左上角的位置上，西装笔挺地对着游客们微笑，和周围穿军装的校史人物形成鲜明的对比，他的照片下面则分别排列着原山西省榆次市市长、农业银行副行长以及中国银行支行行长等优秀"毕业生"。

据学院里一位负责管理的科长说，王健林的照片是 2003 年左右被挂上去的，很多军士曾为此慕名前来参观。

遗憾的是，除了那张挂在墙上的照片之外，记者没有在学院里搜到其他有关王健林的资料。1986 年他从部队转业之后，档案的一部分回到了沈阳军区，另一部分跟着他去了新的单位，即大连市西岗区人民政府。

现在这里可以用物是人非来形容。王健林曾经走队列以及做射击练习的土操场现在已经铺上了绿色的塑胶，平时拉练的野地也出现了大片的工地和厂房。甚至在学院里多待了 7 年的教师张昌军也认不出学院里行色匆匆的人了。

不过有关王健林的传说从来都没有停止过，他的身家和财富始终是新兵们乐于谈论的话题，关于他的各种靠谱或不靠谱的传言都在这块 560 公顷的土地上自由传递，并被一些士兵安上了夸张的想象。甚至某段时间，所有的人都深信王健林的老丈人是某个前国家领导人。不过，所有的传说都伴随着一句话做结尾，"当时没人想到他今天会发展得这么好。"

其实，时间倒退 30 年，王健林的才能已经在军营里逐渐展现。

因为文笔好，部队为了不埋没人才，向上一级申请汇报后，将王健林调到学院的宣传处当干事。那期间，王健林最主要的一项工作是负责和外面的高校联络，帮助陆军学院里的军士们进行学业深造。

吴乃燕说，1983 年左右，国家为了提高部队里军士的文化素质，各个地方的部队都在和当地的最高学府合作，搞起了党政干部专修训练班，辽宁军区也顺势成立了辽宁大学党政干部专修班。吴乃燕强调，当时全军区上下都对这件事情极为重视，由军区部长自己带队领导专修班的各项进程，另外像首长和司令级军官也参与其中。

当年在大连陆军学院，党政干部专修班的事情由王健林来负责，他所需要做的包括动员学院的军士们报考专修班，和辽宁大学保持联络，接送学校的教授来军营里给军士们上课。如果说大连陆军学院的党政专修班是个大班级，那王健林就是班长。他自己也在1983年就读辽宁大学党政专修班，并在1986年以优秀的成绩毕业，获得经济管理专业的学位。

张昌军回忆，当时在党政干部专修班里，也分了不同的专业，就像今天正规的大学教育，包括他自己在内的大多数军士都选择修一门比较偏重军事化的管理学课程，因为以后可以学以致用，"说通俗一点就是更实惠。"而像经济、工商和文学之类的偏文科的课程在当初是地地道道的冷门，几乎没什么人去报名。"我也是后来才知道王健林获得的是经济管理类的学位，所以说王健林的思维确实比较超前。"张昌军说。

据多位战友回忆，因为王健林在负责党政专修班的事情上表现良好，事后还被部队记功一次。

多年以后，看着王健林在万达集团取得的成绩，吴乃燕曾做过分析，正是这次负责党政干部专修班，让王健林从一个原本相对封闭的普通军队干部，开始转型为市场化的人才。"因为要经常和高校以及政府的各个部门联系，王健林开始走出营房，那时他经常去省里（沈阳）和各种人接触，大连市内的就更不用说了。之前他在军营里，包括我们这些老战友，接触的都是部队里面的自己人，但是王健林算是率先走出去接触社会了。"

1986 年，因为表现优秀，王健林被调任陆军学院管理处任副处长，属于副团职干部。这个年龄任团职干部，在当时并不多见。而王在管理处的主要工作除了负责整个学院的后勤保障，还肩负着和外面政府以及个人打交道的任务，"凡是和管理有关的事情他都要做，政府、企业或者其他团体来学院，可能都要联系王健林。"吴乃燕说。

张宝纯是王健林在管理处时的领导，事后他曾经回忆，王健林离开部队去政府部门工作，以及后来"下海"经商实际上在学院管理处工作时就已经显露苗头，只是自己当时并没有在意。

区队长吴乃燕也有这样的感觉，他还对此进行过分析，如果说之前在学院宣传部管理党政干部专修班是王健林迈出兵营的第一步，那么管理处的工作则让王健林接触了更多外面的世界。在那期间，他的社交能力不断提高，认识的人员更为高级，处理的事情也更为复杂。

"他给每一个人留下的印象都很好，外面人想和学院有个联系，王健林都会尽力去安排，他没有得罪过任何人。"张宝纯说，自己曾和一些老战友们猜测，也许从那个时候开始，王健林就已经在考虑离开部队的事情了。

实际上，20世纪80年代王健林离开军营时，外面的世界也确实不一样了。改革开放正处于高速发展期，政府转变思想，提出"经济建设是大局"，市场化建设正逐渐脱离原来的计划经济，而这一切，只要走出门就看得到。

17年的军旅生涯似乎曾让王健林与外面的改革浪潮脱轨，就在他转业的一两年前，后来同属于第一阵营的知名企业家们，多已离开军营开始创业。柳传志已经出任联想集团总裁，任志强决定进驻国企华远公司，王石建立了万科集团的前身，而张瑞敏也拿起锤子一口气砸毁了76台有缺陷的海尔冰箱。

但改革的时光并没有让王健林等太久。1986 年，王健林和陆军学院的一些战士转业，成为陆军学院较早一批离开军队走向市场的军人。陆民杰说，大多数人并没有王健林那样的觉悟，很多人抱着部队军官的身份不愿意离开，甚至害怕走向自由的市场。"像我们这些在学院里和王健林朝夕相处的老战友们，很多都是到了 20 世纪 90 年代之后，才开始觉得，应该出去走走，也许外面的世界有更多机会。这一点王健林是比较超前的。"

转业后的王健林曾给过去的战友们组织了几次聚会。张昌军记得，那是 1995 年之前，王健林的企业在那时候已经发展到一定规模。陆军学院偶尔会联系王健林在某个大酒店里摆上几桌，邀请学院的战友们吃饭聚会，畅谈往事，"那几次聚餐基本上都是王健林赞助的，"张昌军说，他去过一次，当时一共来了 300 多个战友，张昌军在那次见到了王健林本人。

不过，那个聚餐依旧保持了军营里严格的上下级之间高低有别、尊卑有序的规矩，张昌军印象深刻的一个细节是，学院和部队领导上台轮流讲话，宴会的赞助者王健林却坐在一个角落里并没有发言，这给张昌军的感觉是王健林似乎想刻意保持低调，就像他当年在军队里战战兢兢地避免提到自己军二代的身份那样，或者像在 1978 年的那场"忆苦思甜"

会上讲自己祖上贫农的身世那样。

"到了 1995 年之后，王健林忙于事业，部队里也对这种聚会吃饭的事情有些意见，所以就再也没搞过了。"张昌军说。

2013 年 11 月，记者和张昌军老师一起故地重游原大连陆军学院的当天，正好是部队里老兵退伍的日子。一大早，"毕业"典礼结束后，转业的士兵们按照班号排成队列，和自己的行李一起被运上卡车，送到大连火车站广场，在那里，队列最后一次解散，脱下军装的他们走进广场上纷扰的人群，正式告别过去的军旅生涯，走向全国，奔向未知的未来，一如他们的前辈战友，1986 年时的王健林。

第三章
帝国之初：富贵"败"中求

第一节　西岗政府：采购原料的"副主任"

离开军营之后，王健林并没有立即跟随当时逐渐流行的下海创业浪潮，而是根据自己在部队中所积累的政府关系和自身强项，审时度势地选择进入体制内，成为大连市西岗区政府办公室的一名副主任。

进入仕途的王健林身上依旧带着参军时期的印记，他严于律己，按时高效地完成分配给他的工作任务。在区政府成立自己的食堂之后，他做起了自己之前在军营里曾做过的工作——负责区政府食堂原材料的采购工作，他利用在部队里了解到的财务知识和管理经验，不断控制成本，并将节约下来的资金用在同事们的伙食改善上来，赢得了同事们的普遍认同。这也是在走出部队之后，他第一次展露自己的经济管理能力。

1988 年，当了两年西岗区政府办公室副主任的王健林，已经熟悉了体制的工作流程，并和方方面面建立了良好的人际关系。喜欢接受挑战的王健林，也在思考今后的人生规划，他觉得自己可以走出机关，跟随当时的风潮下海试试，而机会也在恰当的时机降临了。

第二节 初涉地产：接手烫手的"山芋"

西岗区政府下属的西岗区房屋开发公司，成立没多长时间，老总就因为经济问题被追究，公司负债好几百万，业务陷入停顿状态。为了甩掉这个包袱，区政府领导表态：谁有本事接手这个公司，把贷款还了，这个公司就给谁。不安于现状的王健林决定接盘，这个公司就是后来万达集团的前身。

当时，在大连市政府的南面，有一个颇受诟病的旧"棚屋区"，那里面基本上都是民国时期建造的日本式房屋，因为房子根本没有装暖气，冬天房子里面十分寒冷，而夏天屋子内则非常闷热。尽管居住在其中的居民苦不堪言，但因为受到收入限制，只能艰难生存。在东北，这种房屋普遍适用于低收入人群居住，被当地人称为"贫民窟"。大连市政府领导对这个"贫民窟"十分头疼，要求区政府尽快进行改造。此前，政府曾联系过三家房地产公司，试图说服他们帮忙将这个区域改造成条件稍微好一点的"棚户屋"，但是考虑到成本和收益问题，三家公司都不愿意接手。

恰好，接手了西岗区房屋开发公司的王健林，为公司寻找业务而找到了大连市政府的领导。这位领导对王健林的能力比较欣赏，心想何不把这个令人头疼的"棚屋区"交给王建林呢？于是，这位领导对王健林说："这里有一个'棚屋区'，你有能力就接手开发。"以为接到"大买卖"的王健林很快去了现场，看到"棚屋区"的破败后，他犹豫起来。

回到家后，王健林仔细地思考改造"棚屋区"的可行性，他拿出计算器算了一下改造"棚屋区"的成本，得出来一个让人纠结的数字：改造这个"棚屋区"的成本是每平方米1200元，而当时这个造价可以说是大连市的最高房价，再加上那时"棚屋区"改造有这样一个政策，即如果人均面积未达35平方米的，房地产公司要按照人均35平方米补齐，而由于这个棚屋区居住的人大多数都是低收入人群，所以绝大多数人的居住面积都没有达到人均35平方米，这就意味着如果房地产公司接手这个

"棚屋区"改造的项目，就必须为这些人倒贴一些面积，而这也正是没有人愿意接手这个难啃的骨头的原因。

在这种情况下，王健林不愿意放弃到手的生意，他安慰手下的员工，"如果我们能把房子卖到每平方米 1500 元，我们就可以挣钱了。"面对手下的质疑，王健林乐观地说要动脑筋想办法把房价忽悠到 1500 元。

情势所迫之下，王健林和他的团队在一起反复探讨，到最后决定采用 4 个小小的创新：

第一，建了一个有窗的客厅。20 世纪 80 年代前开发的类似棚户区房子都是没有明厅的，而按照王健林的设计思路，进门后就是一个大的明厅，并且带有窗户。

第二，做了一个大约 5 平方米的洗手间，在当时，一般人家是不附带卫生间的，卫生间都是公用的。按照某些住房建设规定团级以上的住房才可以配备洗手间，万达开了一个先例。

第三，安装了铝合金门窗。当时窗户大多都是木头窗或者钢窗，万达在材料上实现了创新。

第四，安装了防盗门。时值"盼盼"防盗门刚刚出现，每扇只不过八九十块钱，王健林认为它比木头门稍微结实一点，而成本增加有限，于是给每家每户都安了一扇防盗门。安上之后，整个房子看起来观感完全不同，这也是当时最大的创新。

在20世纪80年代的大连，住房条件普遍较差，王健林开动脑筋只是改动了几处小地方，这几个看似微小的创新极大地改善了居住质量，受到了市民的欢迎，王健林也获得了额外的利润空间。

同时，在市场营销这一块，王健林也体现了独特的思路。他首先想到打广告，但是一开始他遇到了挫折，那时候大连市还没有可以随意打广告的都市类报纸，整个城市只有两份官方报纸，广告版面非常有限。于是王健林转变思路，去跟电视台谈，那时刚刚兴起港台电视剧，王健林便突发奇想在电视剧开头放一段广告，中间放一段广告，电视台同意了。随后，电视剧播出来，众多市民都看到了王健林打的房产广告。

这中间还发生了一个小插曲，颇能反映王健林诚信为本的经营理念。

1989 年上半年，房子建好之后，开盘前王健林去销售部检查，销售经理向王健林汇报说，主管副总经理之前交代，卖房时每套房子要多算点面积。王健林很不解，问为什么。对方回答是副总经理说现在市场就这样，很多人都在加，我们还算加得少的，反正也不会有人管。王健林听后要求必须按照实际面积老老实实地卖房子。在他看来，多算面积的做法就是欺骗。王健林那时候给公司定下来的基调就是老实做人，精明做事。

王健林的灵活而务实的经营理念换来了不错的成果，棚户区改造项目顺利进行，王健林盖的房子被一抢而空，公司盈利近 1000 万元。这是王健林在地产开发领域的牛刀初试，他取得了成功，开启了通向其财富帝国的第一步。

其实，在王健林接手棚户区改造项目的那个阶段，商品经济的概念刚刚流传不久，计划经济还是经济的基本特征，受当时政策限制，王健林公司的房地产开发必须拿到国家计委下发的配额。王健林充分利用了战友关系这个独特的资源。他和自己的老战友（时任大连某国有公司总经理）商量，借用他的指标。创业初期缺乏资金，也是一位在某银行支行任行长的老战友帮助了他。从某种意义上来说，相比当时的很多创业者，王健林并不算是白手起家，在他完成资本积累的背后，有着来自政府人脉和部队战友的诸多支持。

而王健林对部队战友也保持着特殊的感情，据他在大连陆军学院时的领导、后来万达时期的部下陆民杰说，十几年来，只要是之前在一个军营里"战斗"过的人来投奔万达，王健林几乎都会接收，像他这样陆续来投奔王健林的战友至少有 20 人。

在军队中，同生共死的战友关系很容易成为一种最值得信任的关系，这种关系也在未来的万达帝国发展中起到了莫大的作用和影响力。

正是靠着之前在政府工作形成的良好关系，以及诸多战友的支持，王健林经营的西岗区房地产开发公司业务发展得十分顺利，不但偿还了欠债，公司也完成了资本的原始积累。

在这个阶段，西岗区房屋开发公司名义上还是国有企业，王健林可以利用政府抛给他的各种机会，不断发展壮大公司的业务，扩张公司的规模。不过王健林很快就必须面对国有企业体制的弊端，这促使他抓住了企业改革的机遇。

第三节　公司改制：创建大连万达集团

王健林下决心将西岗区房屋开发公司改变成股份制公司，是源于一起对他的惩罚。

有一年 "五一" 假期后，王健林像往常一样来到西岗区住宅开发公司。谁知，迎接他的却是处分通知。

原来，为了庆祝西岗区住宅开发公司取得的成就，王健林 "自作主张" 地在公费支出中为员工承担了人均 200 元的旅游经费。没想到这件事被人举报了，大连市纪委决定给予王健林警告处分，并在系统内部通报批评。

虽然这件事没有影响王健林在公司的地位，但王健林的内心却并不平静。他思考了公司面临的体制问题，这些问题让他产生了一种很强的无奈感，最后让他对改变公司的现状下了很大的决心。

其实，作为国有企业的西岗区住宅开发公司，已经多次让王健林领教过管理上权责不清、赏罚不明的弊端。

比如，作为经理的王健林发现他没有录用与辞退员工、任免公司干部的权力。当时国有企业如果要录用或者辞退员工需要得到劳动局的审批，企业的所有干部则由人事局统一进行管理。西岗区住宅开发公司在王健林接手前已经负债累累，其体制以及人事制度方面也显露了诸多弊端，所以王健林在接手时，看着它负债累累的现状以及公司内部管理混乱的困境后，提出了一系列的改革方案。但是，王健林的改革方案却因为体制的原因而遇到了很大的阻挠，尤其是在人员方面遭受的阻挠最为明显。

一个明显的例子是，在整顿员工时，王健林发现，公司中有两名不服从管理的司机，他很想开除他们。但是，当王健林下达这一命令时，这两名司机却拒绝离开，他们告诉王健林："我们是公司的正式职工，你没有权力开除我们。"这让王健林火冒三丈。通过这一件事，王健林认识到了公司的负责人对"人事权"管理的重要性，这为他之后迫切地推动公司改制埋下了伏笔。

还有一个难题是，王健林没有权力根据员工做的贡献来决定员工的薪酬。这从员工外出旅游费用一事可以看出，因此王健林产生了一定要从根本上改革西岗区住宅开发公司的想法。

但王健林一直要等到 1992 年才有机会真正推动公司改制。

当时的背景是，经过改革开放摸索期，1988 年前私营企业快速发展的势头已经急速减缓，官方舆论经常把经济发展中的物价上涨、抢购风潮等归因于私营企业，而 1989 年的政治风波客观造成了经济管理体制的某种倒退，治理整顿成为官方的政策基调。此时的私营企业，对政策的变化尤为敏感，他们焦急地关注着社会各界对经济体制改革的争论，中国的经济发展在此时遇到了瓶颈。

邓小平 1992 年南巡讲话成为一个转折点。讲话精神一扫淤积的政策阴影，极大地鼓励了改革开放的步伐，推动了市场经济的发展，"姓资"还是"姓社"的讨论不再成为企业发展的一道门槛，私营企业的经营空间有了更大的提高，而国企改革开始了艰难的探索过程，打破了过去公有制占绝对优势的局面。

一些企业早在 20 世纪八十年代就开始尝试股份制改革，并获得巨大成功。1986 年，深圳市公布了《深圳经济特区国营企业股份化试点暂行规定》，中国的股份制改革开始试航。

万科是率先进行股份制改革的企业之一。按照当时深圳市体改办设计的方案，国家和企业（职工）按 6 比 4 的比例配股。40% 的职工股当时价值 520 余万元，平均每个职工接近 2000 元，对比当时内地职工不到 100 元的月收入，那几乎就是他们两三年的收入。这样的收益连万科创始人王石都没有预料到，他后来回忆："职工分股的 40% 中，应该说我至少可以分到 10%。但是，当时我绝对没有要。"然而，更令王石没有想到的是，通过改制获得活力的万科，后来居然发展成为中国最大的房地产开发企业。

王健林也渴望进行改制，期待对企业拥有完整的掌控权。这种掌控权建立在所有权基础之上，而不是经营责任制基础之上。很快，命运就把他想要的东西抛了过来。

1991 年，国家体改委和大连市体改委决定在大连市选择 3 家经营管理比较先进的公司，作为东北地区第一批股份制试点。当时，绝大多数企业的企业负责人思想上都偏向保守，他们对股份制的理解还十分不足，都不愿意将自己经营的国企变为股份制公司——他们认为，如果将国企改成股份制企业的话，这就失去了体制的依靠，相当于放着好好的"铁饭碗"不要，偏要去"要饭"。

而王健林听到这一消息后，则意识到机会终于来了，于是他积极地申请这一名额，希望能够将西岗区住宅开发公司改变成股份制公司。

鉴于很多国有企业在改制上并不积极，而王健林领导的公司，无论在实力和业绩上，都已经小有名气，再加上王健林本人积极活动，最后国家体改委和大连市体改委给了王健林一个名额，使王健林获得了对公司进行全面体制改革的机会。

王健林再次利用了他的社会资源，筹集了一笔资金，置换了国有股份，正式把西岗区住宅开发公司改名为大连万达集团股份有限公司，王健林成为公司的所有人和控制人。这是一次历史性的变化。从此以后，更名后的大连万达集团股份有限公司将不再受到国企体制的限制，从这一刻起，王健林正式开启了辉煌万达的漫漫征程。

作为一个对比，中国众多知名企业家都在20世纪八十年代开始登上舞台，但是由于没有抓住机会及时改制，企业所有权和经营机制的结构性冲突越来越突出，很多企业因此走向没落，而很多企业家犯了一些必然的却又让人同情的错误，这其中最典型的就是褚时健。在顶峰时期，褚时健领导的红塔集团每年利税达到 600 多亿，相比较而言，他自身所得十分有限，巨大的利益诱惑和不对称的激励机制扭曲了很多知名企业家的行为，褚时健后来因为贪污和挪用公款被判重刑，让人唏嘘不已。褚时健在暮年重新出山创业，他的褚橙受到同情他经历的人们的追捧。即使是曾经在家电领域红极一时的青岛海尔，同样因为改制失利，导致海尔集团在后续的经济转型中受到重重掣肘，从一个光芒万丈的企业逐渐沦落为一个日益蹒跚的企业。

类似的例子还可以举出很多，今天来看，王健林的这次改制意义再怎么强调都不过分，从此以后，万达可以摆脱体制的种种束缚，参照市场规律，按照王健林的意志，在更广阔的商业海洋里搏击。

不知出于什么原因，这次对王健林具有里程碑意义的改制故事一向甚少被人提及，王健林在改制过程中所展示出来的精明和策略都逐渐湮没在历史的长河之中。

第四节　帝国崛起：在房地产界脱颖而出

成功改制后的万达，成为王健林实践梦想的舞台。野心勃勃但对商业历练不深的王健林，也跟随着当时的风潮，试图走一条多元化的道路。王健林投资了制药厂、电梯厂，甚至还有变电站设备，不过，由于合作伙伴的原因，或专业化程度不够等原因，这些产业和投资都失败了。当然，这些经历并非完全没有价值，对于一个善于思考的企业家来说，对失败的反思有利于让他领悟商业运行的深层逻辑，提高风险识别和机会判断能力。多元化的暂时失利让他看到专注某个行业的价值，因此，在万达事业初期，王健林拒绝了去内蒙古买煤矿、搞投资的建议。总的来说，在这个阶段，由于机缘巧合，王健林先人一步在足球领域进行了大量投资，并为万达后续发展奠定了重要的基础（参阅本书第四章），他坚持扎扎实实做实业，在他熟悉的房地产领域精耕细作。

而凭借着在大连本地丰富的人脉资源以及不断积累的经验和资本，万达集团在房地产开发这个领域发展得顺风顺水，成为大连举足轻重的开发商。

1996 年初，万达集团针对行业内质量低劣、面积短缺、欺骗销售的普遍现象，在全国房企中率先提出"三项承诺"：第一，保证不渗漏。第二，

规则挑战者王健林

保证房子面积不短缺。第三，自由退款。

三项承诺在当时中国国内房地产市场上引起的争议和影响力非常之大，为此，大连市政府曾专门下发文件，号召全市建设系统向万达集团学习。巨大的影响力也确实给王健林带来了意料之中的成功，并给他的帝国崛起提供了巨大的保障。1998 年万达在大连市的年销售额接近 30亿元，占全市房地产市场 1/4 左右的份额。

第五节　重心转移：从住宅到商业地产

不过这个时候，王健林也开始做更长远的思考，他发现住宅房地产虽然发展前景很好，但有一个不容小觑的特点就是现金流不稳定，有项目销售的时候，公司就有现金流；一旦项目卖完，需要重新买地，公司的现金流就会降下来。出于这样简单的利益考虑，为了寻求稳定的现金流，万达开始重新探索。直到 2000 年，万达才决定把商业地产作为企业的支柱产业来发展。

在正式决定转型做商业地产之前，万达内部有过长达两三年的讨论。当时住宅业务开展得很顺利，公司内部普遍不理解为什么要转型去做商业地产。王健林试图说服自己的同事们，土地资源是不可再生资源，越开发越少。而随着更多房地产开发商的加入，获得土地的价格也在水涨船高，纯粹做住宅地产的企业将会遭遇困境。王健林指出，世界五百强企业排行榜中并没有纯粹只做房地产的公司，因为住宅开发存在临界点。

2000 年 5 月 17 日，万达召开了被其称之为"遵义会议"的董事会会议。在这次会议上，王健林决定大力发展商业地产，他的理由是：卖住宅收钱，是一锤子买卖，而商铺既可租，又可卖，还可以自营，能长期获利。如何迈开第一步？由于没有经验和成功的案例，王健林只能摸着石头过河。

但当时集团内部并不缺乏反对的意见，很多集团元老甚至在董事会上和王健林对呛，认为商业地产已经没有发挥的余地了，认为他在给自己找苦吃。从一起"打天下"的总裁丁本锡到基层员工都在劝王健林，在他们看来，万达弱化之前一直处在上升期的住宅地产，转而去做商业地产的话会面临各种问题，最后将自食其果。

面对众多的不解和质疑，王健林却有自己的想法，他承认自己确实犹豫过很多次，但最后坚持认为前人开发商业房地产，很多都是失败的，而且万达如果想走出大连，发展全球连锁的大型企业，高端商业地产项目势在必行。在王健林看来，万达目标是做百年企业。同时，也为了和他一起创业的员工们，王健林选择相信自己的判断力，他决定给自己，也给团队定一个目标，坚持做到 2005 年年底，做满 5 年，如果还是像门外汉一样难以入行再撤。

而这时发生的一件事坚定了王健林做商业地产的决心。1998 年 4 月，万达的足球事业正如火如荼地开展着，王健林在全国挑选 8 个城市做了一次知名度调查，结果使他大吃一惊。在全国知名度最高的 100 家企业当中，万达排名第五；但在品牌特征认知上，万达排在 100 家企业的最后。很多接受调查的企业和个人都认为万达是一家体育公司或体育经纪公司。这让王健林有些哭笑不得，同时也让他反思：万达的主业究竟应该在哪里？很快他得出结论，要集中精力做好房地产，同时开发商业地产。只有这样，万达的品牌知名度才能转化为实实在在的商业利益。

因此，在偶然事件和行业必然性的双重刺激下，王健林开始钟情于商业地产，正式开始了商业帝国的转变和崛起之旅。

不过，万达向商业地产转型的过程可谓一波三折。

在王健林的老员工陆民杰看来，"连续吃了两个大苍蝇，那种失败的感觉现在想起来都很恶心。"今年已经 60 岁的陆民杰对王健林来说有着双重身份，在王健林的军旅时期，他是大连陆军学院的学员队长，是王健林的直属上级。从部队转业后，他投奔王健林的万达集团，成为王的下属。彼时，王健林带着万达集团正野心勃勃地准备冲刺商业地产。在万达集团下面的大连市物业管理公司工作半年后，陆民杰被安排到万达商业地产物业公司做副总。

万达决定转型开发商业地产后，推出的第一代产品就是万达大厦。这是一种单体高层，高层写字楼或者公寓用来出售，一二三层用来招租户做商业广场。当时万达在商户资源方面基本是空白，进场的往往是一些小型商场和酒楼，由于承租的大小商家们经常拖欠租金，逼得王健林专门成立了一个"收租队"，费时费事，回报也很不理想。

为了改变这种状况，王健林的想法就是"傍大款"。提出收租物业一定要找实力强的租户，当时提出的一个口号是"向世界 500 强收租"，目标瞄上了沃尔玛。之所以选择沃尔玛，是因为后者当时刚刚登陆中国大陆，急需寻找商场资源，而万达则可以利用沃尔玛的知名度和影响力。

"董事长想通过百姓对沃尔玛的期待和喜欢同时关注到万达。"陆民杰说。

但是以万达当年的条件，想拉世界 500 强的沃尔玛入伙，实非易事。

"当时沃尔玛很牛的，我要约他们一个主管发展的副总裁都约不到，后来还是通过大谊集团的老总才终于见到的（当时沃尔玛和大连国有企业友谊集团开了一家合资公司）。我就跟他一通忽悠，你们既然能来大连扩张，肯定也会想去其他地方，友谊集团不会出去，但万达在全国将近30 个城市有分公司，我可以在好的城市选位置跟你们合作。"王健林曾在一次讲话中回忆往事。

在商谈了两三次后，沃尔玛的这位副总裁还是无意拍板。无奈之下，王健林又想办法见到了当时沃尔玛亚太区首席执行官钟浩威："我跟他也谈了好几次，熟悉之后，'老钟头'终于松口，说咱们先别说战略合作了，先搞一个，看看情况。"王健林说。历时半年多，经过前后几十次的游说，沃尔玛终于答应和万达在长春合作第一个万达广场。

可让王健林尴尬的是，长春万达广场使得合作计划差点演变成一场闹剧。

长春万达广场建好后，因为有沃尔玛这样主力店铺的入驻，王健林信心满满，把分割出来的商铺卖到每平方米两三万元的高价。

在长春打市场营销广告时，王健林曾经和公司的管理人员自信地说过，这个生意做好了将非常有影响力，如果商铺销售顺利，肯定能够带来不少的利润。

陆民杰直到今日依然认为当时他们的营销策略是正确的，证据就是长春人民都抢着买铺，甚至还有很多政府机关人员也参与了购买。店面很快就全部卖掉了。

铺子卖出去之后，万达集团认为自己的任务已经完成了，打算结账走人，这引起了业主们的不满。当初万达宣传商铺每平方米的月租可达到500元，如果按年回报率12%计算，8年即可收回投资，但由于业态不成熟，许多小商家承担不了高租金而纷纷歇业。"按照商业地产的约定俗成，地产商在盖好房子的同时也要负责帮助业主招商引资。"陆民杰说，因为当时不懂这些，所以导致万达广场正式开业时，上百个商铺中依然有一半还是空荡荡的，没有招到租户。

对于一个商业地产商而言，如果把物业出售给分散的所有者，会使结果难以控制，开发商要投入很大的精力管理，否则就会影响商业物业的投资价值。万达正是出于急于收回投资而忽略经营管理的重要性，导致了悲剧发生。商铺投资者失去了万达在营销、经营方面的支持，根本就没有将万达购物广场经营好的可能性。

因为王健林之前主要做住宅地产，对商业地产的运作和管理缺乏经验，加上当时的团队内部没有专业化招商团队，同时又缺乏零售商业领域的资源，导致招商环节出现了大问题。

很快，投入巨资购买了商铺的业主们，发现他们期待的租金回报没有着落，失望至极的业主们纷纷开始围攻广场项目办公地点，差点发生流血事件。陆民杰是那几次"维稳"行动的主要参与者，他记得当时现场乱成一团，前来的业主们不乏殴斗行为，甚至万达的工作人员还被泼了开水。

这些场景让万达集团差点在一地鸡毛中结束自己的首次商业地产试水。陆民杰记得，还在大连的王健林赶忙召开董事会议以及稳定军心的各种大小会议，"整个周末他基本就在会议室里没出来过，出来一批员工再进去另一批，反正就是不断开会研究策略。"

几天后的董事会上，王健林当着几十个董事会成员的面，承认了自己的错误，"前面发生的问题以及现在存在的问题都是我一个人的责任，由我自己承担。我还是不成熟，明知道这样做可能会有问题，但是还是这么做了。我的行为完全是饮鸩止渴。造成这样的结果，我要做出反省。"

陆民杰分析，王健林之所以"明知道这样做可能会出问题，却依然饮鸩止渴"，应该是和当时王健林面临的压力有关。一方面，王健林求胜心切，希望通过这个竣工项目，尽快确立商业地产的价值，另外，那个时代的万达体量尚小，早点卖出商铺有利于收回资金，帮助企业资金循环。

长春事件给王健林留下了深刻的教训，也让王健林对商业地产的复杂性有了全新的认识。如果说对住宅地产来说，把房子按期按质造好交付，基本就算大局已定的话，那么对商业地产来说，这几乎才刚刚开始，因为后续稳定的商业运行才是商业地产价值的体现。通过痛定思痛，王健林在后来逐渐琢磨出了订单地产模式，也就是事先就和承租商户签好合约。而眼下，为了尽快安抚购买了商铺业主的情绪，同时也为了挽回万达的品牌荣誉，他将帮助业主招商这一块设置成万达集团最重要的业务之一，万达商业管理的功能逐渐形成和完善起来。

王健林秉承专业化的人才理念，为了拓展招商资源，解决商业管理这一短板，王健林以 4 万元的月薪高薪招聘这一块的管理成员，而且很快形成了一定规模的招商队伍，"举个最直观的例子来说董事长对招商这一块有多看重，大连市唯一的万达广场，光这一个广场就有 200 人左右的团队在专门负责业主的招商工作。"陆民杰说。

但是紧接着王健林"又吃了第二只苍蝇"。2003 年沈阳万达广场步行街和商铺开业。

沈阳太原街商业步行街是中国东北最有影响力的时尚汇集地，是中国最著名的商业街之一，影响力辐射整个东北亚。早在十年前，包括泰国正大、美国协和、香港嘉里、新加坡温氏兄弟、美国善美等国家地区的著名商业集团浩浩荡荡地开进太原街，希望在这里发展自己的商业地产神话，但是，因为各种原因最后都无功而返。

2002 年，万达集团来到了被冷落已久的太原街。在那里，王健林看到了商机，决定将第二个万达广场开在那里。

万达广场的建造和销售都相当顺利，在万达"以租金养商户"、"一铺富三代"、"零风险"、"每个商铺每平方米至少可以出租500元"等颇具诱惑力的宣传攻势下，购铺者纷至沓来，354个商铺不到一年时间基本卖完，回收资金近6.5亿元。

2003年12月23日，沈阳万达购物广场开业。由于规划方面的严重失误，商铺不仅没有空调设施和封闭型大棚，而且没有厕所，存在卫生没人打扫、水管经常爆裂、地下停车厂封闭、门窗闭合不严等乱象。沈阳万达广场的业主们对结构和建筑质量都不满意，纷纷要求万达做出赔偿。陆民杰记得，这件事情发生时，业主们闹得阵容比长春那一次还大，甚至有个别业主还闹到了北京。有部分不满的业主到法院起诉万达，要求退铺，前后打了200多场官司。

考虑到小业主的利益，万达决定统一包租经营，为此专门聘来大型百货公司的老总，集思广益，一起想办法。他们先是尝试给商业街加屋顶、通暖气，解决了冬季寒冷销售滞缓的问题，后又将这些商铺和地下一层连通，实行整体经营，并安装多部电扶梯。工程共花费了几千万元，期间多次更换招商团队，但直到黔驴技穷，局面始终没有根本改观。

沈阳万达广场在各种纠结中勉强经营了几年。到2007年，万达集团内部经过反复论证，认为太原街万达广场属于设计失误，是从娘胎带来的毛病，即便后天再努力补救，也是治标不治本，难以逆转，唯一的解决途径就是拆掉重建。

沈阳太原街万达广场于2008年拆除重建，2009年竣工后重新开业。陆民杰说，那次事件体现出了王健林的大手笔和魄力。他把之前卖商铺的钱还给业主，并做了一定的补偿。"你知道那个补偿的数字么？整整八个亿。"每次提到这里，陆民杰都唏嘘不已。实际上，当时长春和沈阳所出现的问题，都发生在万达搞商业地产的初期，万达在商业地产方面确实不成熟，也付出了很大代价。"但是王健林有一点让人佩服，就是无论出现什么错误，他都能从中吸取教训。"陆民杰感慨道。

第六节　订单模式：为租户"量身定制"

不过这个时候，也不全是坏消息。王健林极力争取来的与沃尔玛的合作项目，逐渐发挥出了价值。作为入驻长春万达广场主力店的沃尔玛，很快以其丰富齐全的商品，舒适的环境和让人信赖的品质，获得了消费者的青睐。长春万达广场沃尔玛店业绩节节攀升，最初将信将疑的沃尔玛也打消了疑虑，沃尔玛和万达的合作关系上了一个台阶，在后续开发的五个万达广场中，沃尔玛都作为主力门店协同跟进。"沃尔玛基本上就跟着万达走了"，王健林提起来不无得意。

和沃尔玛的持续合作对万达也至关重要，因为这种主力店稳定性好，人流量大，可以提升整个购物中心的人气，从而惠及中小店铺。2005年，万达又和国美电器结成了同盟关系。国美是中国最大的家电零售连锁企业，身处行业领先地位，但其最大的竞争对手苏宁电器计划在2005年新建150家门店，并且开始尝试经营面积超过一万平方米的大店。面对对手的步步紧逼，国美也必须在经营规模和内容上有所突破，万达广场和国美的合作也就顺理成章了。

王健林曾评价说，国美在业界拥有声誉，其品牌知名度对带动消费者有重要影响，万达果断选择结盟，此举不仅使其收获了一个知名品牌，更增加了万达与其他主力店谈判的砝码。

不过，大型超市、百货的入驻，虽然看着热闹、繁华，但商业地产商往往需要在租金上给予比较大幅度的折让，因此其租金收益相对较低，而那些中小店铺才是创造收益的主要力量。王健林自然知道这一点。因此，除了沃尔玛、家乐福、百盛这样的"大房客"，万达在"小伙伴"身上也花费了不少心思。

诞生于沈阳的大玩家超乐场，是万达较早的合作对象之一，一开始经营得并不好，万达就同意减免一部分租金。但随着万达的快速扩张，大玩家跟不上节奏了，王健林还是想方设法给予扶持，包括指示万达的财务部免费帮它收钱和管账，降低大玩家的人力成本。后来，大玩家获得了几千万美元的风险投资，发展成为中国室内娱乐行业的第一品牌。

除此之外，还有一些更小的餐饮品牌，也都经营有方，深受消费者欢迎，但因为规模有限也难以跟上万达的扩张步伐。王健林当机立断，给出了十分优惠的政策"像这种企业，我就跟对方谈条件，比如前期装修的2000万我帮你出，分10年摊到租金里，对方一听很高兴啊，只要出个几百万、置办些'锅碗瓢盆'就能开个店了，他当然愿意跟着我走了。"

在商业地产领域几年跌打滚爬下来，王健林已经对商业地产这一行洞若观火，可以优化业态的分布。比如，在各大城市的万达广场，餐饮店铺始终集中在最顶层。这也是王健林的首创，他还为此发明了一个理论名词，叫"瀑布效应"。他分析，中国人的特点就是好吃，你把各种美食弄到一起，做到最上面一层，他为了吃，就会跑上去；下来时他必须经过一些路径，这样就能增加顾客的滞留时间，就像瀑布一样，从上面一点点流下来。

同时，缘于和沃尔玛签订的长期战略合作协议，万达发展出的"订单模式"也逐渐成熟。在万达项目开工之前，主力店招商就已基本解决，整个项目70%至80%的租赁面积已经有主。在实际操作中，王健林认为要先把大的租户的需求搞清楚，按照租户的个性量身定制。作为商业地产成功的要诀之一，就是要为租户考虑，租户赚到钱，万达才能赚到钱。

在每一座万达广场招商开始后，规划院就会迅速开始为这些签约主力店入场做好充分的准备，规划至每一个商铺、设计至每一个细节，尽量避免商家进场后进行改建，减少浪费。这样就能确保每一座万达广场先租后建、满场开业、开业旺场，使得商业地产开发的风险降到最低。

万达和战略合作伙伴约定，把中国的城市划定为两个等级，北京、上海、广州、深圳4个城市列为一等城市，剩下的城市都算二等城市。一等、二等城市分别适用不同的平均租金，这样就大大减少了合同谈判时间；

最后，当面积、城市、租金全部确定后，万达还会与主力店租户签订合同或确认书，此后再投入建设。

"订单商业地产模式" 能够在最短时间内带动周边区域的发展，让所在区域成为城市新的人气中心，客流平均保持在每天 8 万～ 15 万人左右，高峰时，峰值人流量甚至可以达到每天 30 万人，极大地提升了消费需求和繁华程度。

这种订单商业地产模式后来演变为万达集团的核心竞争力之一，王健林自豪地认为，这种 "订单地产" 模式，众多商业地产跟进者一直在模仿，但万达从未被超越。当然，在另一方面，万达内部也不断调整商业地产的实际内容，其中包括重新组合商业业态中主力店和单店的构成比例，加大出售物业和住宅地产开发的比重，增加商业地产的持有数量。

经过长春和沈阳两个万达广场的业主维权事件之后，王健林痛定思痛，认识到如果把商业地产作为万达的终生追求，那么一定要有自己的规划设计院和管理公司，不能把自己的命运拴在别人的裤腰带上。王健林总结，像万达广场这种项目，目前国内没有一个设计院能做好，他们主要是设计住宅或者百货店，不会设计购物中心，"我们只能去请澳大利亚、美国公司来设计"。这样带来的问题，一是设计费用高，二是设计时间长，跟不上万达的发展速度。

万达规划院在 2003 年开始筹建，随后其功能和重要性不断被强化。从最初主要设计购物中心，延展到五星级酒店设计。商业规划院的队伍陆续发展到 200 多人，包括建筑、结构、装饰、机电等不同背景的专业人士，很快万达规划院就可以独立完成购物中心和五星级酒店的设计，并且拥有多项自主知识产权，掌握了核心竞争力。

关于万达规划院的水平，从它拥有的专利可见一斑。武汉汉秀中有一个重 200 吨的机械臂，要举着 3 个 7 吨重的 LED 显示屏自由移动、组合。"最初这个机械臂是请顾问公司做的，但觉得不好。后来是我们规划院特种机械所自主研制的，并且造价、安全性、工期都更优。"万达旅游文化规划院院长王元说。除了机械臂，汉秀的水下机械系统也是万达的专利产品。

万达规划院在万达集团内部有着特殊的重要地位，也是王健林个人投入心血颇多的部门，王健林经常参与规划院的会议，武汉的楚河汉街项目，经王健林修改的规划图就有 22 版。规划院也对未来的万达商业帝国起着不可估量的作用。万达广场从单体到综合广场再到第三代产品——城市综合体的设计，都是万达规划院的杰作。商业规划研究院作为万达全国扩张的秘密武器，成为万达的核心竞争力之一。

万达依托大连，成为大连住宅地产的王者，然后开始了其全国性的商业扩张。2000年以后，万达又转而聚焦商业地产。王健林踩准了这些关键节点，使得万达在房地产开发商中脱颖而出，成为具有全国性影响的知名开发商。不过，让万达口碑斐然的除了上述因素，还有一个不得不提的故事——万达的足球之旅。

第四章
"归去来兮"足球梦

作为房地产开发商的万达在大连不断获得成功之际，王健林也开始了另一个让他曝光率极高，也制造了不少话题的足球事业。

他曾经是足球职业联赛里当之无愧的"第一老板"。不过，在广州恒大足球队树立起在国内联赛的绝对优势并夺得亚冠冠军时，他已经卖掉自己心爱的球队整整 13 年。

越来越多的人开始关注，在中国足球职业联赛又一片风光大好时，当年最成功的足球老板王健林什么时候会回来？

一则来自意大利体育媒体《慢镜头》的消息称，王健林打算注资意甲豪门罗马队。这是一支主场在意大利首都的意甲传统球队。外媒的报道并非空穴来风,对于这位不断进行海外并购的中国首富来说,收购海外豪门也与他对万达要成为一家跨国公司的期待相称。

消息很快被证伪。至少在短期内,王健林并没有再次直接控制一支职业联赛球队的打算。他曾带领麾下的大连万达队称霸中超赛场、扬名亚洲。在远离足球后,王健林又掌控着万达这艘地产巨轮火速扩张,并把自己送到了中国首富的位置上。当资产规模、可调动的资源以及个人和企业的影响力都大大优于十几年前时,王健林却对这项当时给自己带来丰厚品牌回报和名气的项目保持着谨慎的观望姿态。

这位中国首富知道,足球这个行业,用钱可以左右比赛的胜负。在不久前播出的凤凰财经节目的专访中,从不轻易点评别人的王健林默认了主持人对两家企业财富比较后得到的结论:万达比恒大有钱。

在万达尚没有巨额资金可以供给球队时,王健林舍得花钱,钱捆绑着球队的成绩,也左右着给企业带来的品牌效益;在他刚刚有了自己的小产业时,他也懂得如何利用体育与政府进行对话,进而获得巨大的商业利益。

原大连市体委副主任任举一记得,1990年代初,大连市西岗区体委领导打算在体育场附近建一座体育馆，就通过西岗区办公室的领导，找到王健林来开发，这也让王健林和体委有了第一次的合作联系。

王健林和体委"姻亲"关系的建立比这还要更早一些，王健林在西岗区人民政府办公室做副主任的时候，他的妻子林宁就是西岗区体委的工作人员。

荣登"首富"后，社会涌出了不少王健林和妻子家庭背景的猜测，其中一个版本说，他是一位中国前总理的女婿。

王健林在大连陆军学院工作时，一位同事指认，王健林的妻子林宁家境确实不错，其父亲曾经是大连一家保险公司的领导，"但并没有传言中的那么优越和神秘。"

曾任大连市体委副主任、万达足球俱乐部主任的任举一回忆，王健林与大连足球最初的渊源，来自于一次王健林计划良久的商业规划。

当年，三十多岁的王健林先来找到大连市体委，谈一项在体育场附近盖楼房的合作。为此，他专门和市体委签了一个协议，表示愿意赞助大连足球队 400 万元。这在当年已经算是巨款，双方很快就达成了合作意向。

但是，这件事后来因为时任大连市副市长薄熙来的反对而搁置。薄的理由是，国内外的体育场馆视野开阔，如果王健林在体育场附近盖房子可能会影响体育场的视线，这与正在谋求各方面都与国际接轨的大连的城市定位和诉求不符。

虽然盖房子的事情没有谈妥，王健林仍然愿意赞助 400 万元给足球队。这件事让他和大连市体委建立了良好关系，也为日后大连市体委找到王健林来成立万达足球俱乐部打下了基础。

当时的万达只是西岗区的一家房地产公司。在足球联赛刚刚起步，大部分国内企业还不能理解这项职业联赛可能带来的巨大回报，舍得花钱的王健林抓住了时代抛给他的藤蔓，一路上升。

而王健林之所以愿意接手大连足球，除了出于本人对这项体育运动的热爱之外，也是因为当时大连市政府急于通过足球打造改革形象。

第一节　城市名片：足球为大连代言

作为一个传统港口城市，大连是中国最早接触足球的城市之一。

19 世纪末，洋务运动兴起，李鸿章在旅顺建立了北洋水师基地。他原本的打算是"师夷长技以制夷"，引进技术来装备清廷海军。几十年后，原本的坚船利炮早已经被扔进了故纸堆，一种依靠团体力量的球类项目却在这里扎下根，英美教官把足球这项现代化运动带到了大连。

1905 年，日本取代沙俄占领辽东半岛以后，港口陆续开放，西方国家的商船进入大连港日趋频繁。有些船员上岸后为消除长时间海上生活的单调和疲乏，经常进行一些非正式的足球比赛。20 世纪 20 年代，整座城市踢球的人多了起来。敷岛广场（1946 年后称为民主广场）西南边的小树林里安了两根用杉木制作的球门。大连的青年经常聚在这里，组队比赛。早在 1921 年 3 月 10 日，中华青年会成立了大连历史上第一支有组织的足球队——中青队。到了 30 年代，大连已经拥有 40 多支足球队。

而在日本统治时期，本土球队战胜殖民者球队被认为是极为振奋的事。1929 年，大连当地的隆华（取意兴隆中华）队 7 比 0 大胜日本冠军拓殖大学队；30 年代旅顺高公 15 比 0 击败日本中学，两场胜利让生活在日本殖民统治下的大连人在足球场上扬眉吐气。

1945 年，抗战胜利后，苏联球队的频频来访和苏军球队的直接参与，把欧洲的足球技术带给了大连球队。20 世纪 50 年代，大连球队开始显露出称霸全国的气势。1951 年中华人民共和国第一届全国足球比赛大会上，以大连人为主的东北队 6 胜 1 平 0 失球夺冠。大会评选出的第一届"中国足球选手"中，东北队占据 11 席，其中大连人有 7 个。

即使在物资匮乏时期，大连人对足球的投入和热情也是惊人的。大连造船厂队是一支为大连人争过面子也让其他地方队甚至国家队颇为畏惧的球队。在大连，你可以听到许多人对足球喜爱的段子：人们宁肯不吃饭也要搞到一张球票；未来女婿去见老丈人，送一张球票远比送 2 瓶酒让人高看一眼。

1952 年，当时还叫旅大市的大连，组建起了红黄队，在主场迎战前来挑战的全国体育总会训练班队，也就是当时的国家队。比分最终定格在了 2 比 1，大连队打败国家队的消息轰动全国。

1955 年，全国工人体育运动大会在北京召开，当时大连造船厂足球队代表全国第一机械工业部参加足球比赛，最后以 0 失球的纪录夺冠。运动会闭幕后，体委把造船厂的队员们留了下来，迎战新中国成立后第一支来访的非社会主义国家足球队——缅甸国家队。

缅甸国家队曾被认为是实力不俗的来访者，赛前的舆论风向也普遍认为，这是一场只要打出风貌就可以算胜利的比赛。但造船厂队员的表现让所有人大吃一惊，上半场就以 5 比 0 领先，全场比分 9 比 1，上下哗然，造船厂队因此蜚声全国。

比赛结束，队员们刚刚回到大连，国家体委的电报就追到了大连，催促球员们马上进京，准备和中央体训班球队组成联队迎战苏联甲级联赛劲旅——列宁格勒"泽尼特"队。

20 世纪 50 年代中期，中苏关系尚在蜜月期。迎战老大哥球队，是赢是输、赢多少、如何既不失东道主的面子又不让来访者输的难看，成为了悬在队员们头上的政治任务。主席台上，毛泽东、周恩来、朱德、陈毅、贺龙依次列席。最终的结果是默契的 2 比 2 平局。毛泽东在赛后接见了运动员，他和造船厂工人李长平的合影登上了第二天全国各大报纸的头版头条，这是毛泽东一生中唯一一张与足球有关的合影，也成了当时大连人最大的骄傲。

1979 年，十一届三中全会召开，因为"文革"而中断了的大连足球协会开始恢复活动。1983 年 11 月以大连市政府名义召开了足球工作会议，提出奋战三年，冲出辽宁走向全国和晋升全国甲级队的目标，并将此任务列为当年全市的重点工作之一。

实力不俗的大连队在 1984 年就提前冲甲成功。以往的中国足坛流传着一种说法：甲级队中都有大连人，但甲级联赛没有大连队。冲甲成功，结束了这一局面。在这之后，一直到职业联赛初期，大连都展示了惊人的实力。这支队伍，也成了后来的大连万达队的根基。

几乎所有的大连人都在期待本土球队能在甲级赛场上再次扬威，就像 50 年前的隆华队和 30 年前的红黄队、造船厂球队曾经做到的那样。大连人曾不无自豪地告诉游客，在这里，"连 70 多岁的老太太都知道，什么是越位。"

第二节　足球转型：创立万达足球俱乐部

大连人喜欢足球，这让当地市政府看到了足球聚拢民意、提高政绩的可能。从体制内走出的王健林明白，足球是把自己的企业和当地民众、政府捆绑在一起的纽带，而涉足正处于转型期的足球职业联赛，则是自己赢得与政府对话权利的通途。

1992 年是中国足球又一个失落的年份。但对王健林来说，却是经营足球并获取辉煌的起点。

这一年，中国体育代表团在巴塞罗那奥运会创造历史，一雪 4 年前汉城失利的阴霾，但被寄予厚望的国足却倒在了预选赛上。

正在举国上下对竞技体育摘金夺银饱含热情时，中国足球不合时宜地泼了一盆冷水。即使拥有之后几年在国内联赛呼风唤雨的高峰、郝海东、范志毅，并且坐拥着"打平就可以出线"的优势，但国奥队还是在面对韩国队时，败下阵来，没有拿到进军奥运会的门票。主教练徐根宝的那句"横下一条心，一定要出线"成了这一年最大的笑话。开场 9 分钟丢 3 个球的失误，也成了中国足球之后二十多年"恐韩"梦魇的根源。

除去战绩糟糕外，当年的中国足球丑闻满天飞。现金失窃、点球门都暴露出球队和球员的业余性。1990 年的北京亚运会上，国足在工体进行的 8 进 4 的比赛中，0 比 1 输给泰国，制造了当时的大冷门。尽管在那届亚运会上，中国代表团凭借主场优势狂扫金牌 183 枚、奖牌 341 枚，但在世界第一运动上栽跟头，让志在夺冠的东道主大失所望。

但球迷的热情却没有被失落的情绪浇灭。时任领导人邓小平也是超级球迷。1992 年，中央台还遵循着每晚 8 点准时播发滚动新闻的惯例。1

月份，国奥队迎来奥运外围赛对阵科威特的比赛。晚上7点59分，胡志军打入一球，观众们正等在电视机前看进球回放，滚动新闻准点开始了。为此，中央电视台收到不少抗议信。几天后，球迷发现，他们可以从头到尾不受干扰地看完比赛了。据报道，当时邓小平也在看比赛，他让秘书给中央电视台挂了电话，要求今后凡是转播中国队的比赛，不要插播新闻。

领导人的关注、球迷们面对失利时的沸反盈天，把体委和足协逼上了风口浪尖，足球到了不得不改的时候。脱离运动队体制，开始职业化转型成为必然的出路。

1992年，邓小平的南巡讲话让各行各业开始紧跟形势谋求改革。同年6月，中国足协在北京西郊红山口开会，确立了必须改革的路子，决定把足球这项世界上职业化运作最为成熟的项目作为体育改革的突破口，中国足球开始转型。"红山口会议"被认为是中国足球体制转型的起点。在此之后，中国足球开始摸索着从专业足球向职业足球转变。甚至有人说，"红山口会议"在体育改革历程中的地位堪比长征中的"遵义会议"。

这一年，中国足球开始"向西看"。不仅考虑把西方的职业联赛赛制引进国内，也开始着手实施，引进西方教练。1992年，施拉普纳入主中国男足，成为主教练。

也是在这一年，中央电视台开始直播甲A联赛，为职业联赛的推进添了把柴。在此之后，大部分中国球迷都是通过每周转播的比赛，记住了他们的赞助商，包括来自大连的万达。

国足的接连失利对大连人来说，尤其不能接受。这座城市曾贡献了最多的国脚。1949年后，大连为国家队（不包括国家二队、国奥队、选拔队、青少年队）输送了80多位国脚，从20世纪50年代的"三王一郭"（王寿先、王政文、王礼宾、郭鸿宾）、孙福成、陈加亮，到60年代的盖增圣、王积成、戚务生、李应发，乃至70、80年代的李富胜、迟尚斌、杨玉敏、马林、李华筠、贾秀全……大连是国足选材的仓库，国足踢得不好，大连的国脚们首先被指责。

改革的信号让喜欢足球的大连人闻风而动，脱离专业队体制，也让地方足协开始摸索，成立俱乐部的可能性。早在1991年全国足球工作会议上，原著名国脚、中国足协副主席、大连市体委主任盖增圣就在小组发言中提出了成立"足球特区"的设想。这得到了当时分管体育的市领导的支持。国奥兵败吉隆坡2个月后，大连市体委正式向国家体委提交办足球特区的报告。5月8日，体委即批文，同意大连成立足球特区。

足球特区落户大连，这在大连人看来毫不意外。他们爱球、会踢球全国闻名。在体委正式复文表示同意之前，一位浙江的初中生投书大连体委，对创办足球特区表示关注和支持，并随信寄去了平时攒下的 5 块钱。这引起了极大的轰动。就像时任国家体育总局副局长袁伟明说的：大连足球运动水平高、群众基础好，像大连这样条件的，全国不多。

足球特区成立后的第一项举措是发行足球彩票。1992 年 7 月 4 日，为预测 7 月 19 日、26 日举行的全国足球甲级联赛 A、B 两组共 18 场比赛结果而发行的 100 万张彩票很快在大连售空。

伍绍祖在考察大连时说，办特区，并不是要给足球吃偏食、开小灶，而是要给足球断奶。袁伟明的说法则更直接：如果靠上面给政策，给多少钱办多少事，那还搞什么特区？

按照盖增圣的设想，建设足球特区不能分批进行，时不我待，要盖房装修一起搞。地产商出身的王健林显然深谙此道。一直与体委保持良好关系的王健林无疑看到了自己的机会。自己所掌握的资本正是办足球特区最需要的，俱乐部建制、企业成为主体、媒体转播时对企业品牌的扩大宣传，是自己的万达在扩展中可以仰仗的平台。

因为 400 万的赞助，万达成为了大连体委在筹备成立足球俱乐部时首先考虑的合作伙伴。

万达并不是第一个入住大连职业足球的企业。1992 年 7 月 3 日，经大连市政府批准，大连足球俱乐部成立。这是中国足球历史上第一个职业足球俱乐部。1992 年—1993 年，俱乐部的赞助商是华录集团，球队也被冠名为大连华录队。

但万达显然对足球有着更强的野心，准备得更精密，也更有诚意。他们积极地与大连体委接洽。根据当时媒体的报道，万达和大连体委第一次接触时，大连队派出的朱可冬与当时万达派出的办公室主任范垂军是战友。这无疑加速了双方的信任。第二次碰面，大连队派出有"足球活字典"之称的朱元宝与万达联系，朱元宝是个老球迷，他一心想找一位真正懂球并且能对大连足球出钱出力的人，王健林很合他的胃口。之后，大连队派出大连市足球协会常务副主席王克民与万达进行交涉，当时的王健林正在外地，交涉的事就委托给了当时万达的总经理冷传金。冷传金十分善谈，很快就与王克民敲定合作。

根据《中国足球俱乐部内幕》一书中记录，1994 年联赛刚开始的时候，大连队曾面临困境，是时任市长亲自决定，万达集团接手大连队。这一决定给大连队带来了生机。

1994 年 3 月 8 日，在职业联赛第一个赛季开赛前一个多月，万达足球俱乐部宣布正式成立。

第三节　无数荣耀：点燃沸腾的大连足球

职业联赛的发展把大连万达的品牌打向全国。王健林重金打造的豪华战舰曾经为他带来了无数的荣誉。

1994 年，职业联赛元年，大连万达就拿到了冠军。1996 ～ 1998 年，万达连续 3 年获得甲 A 联赛冠军，成就了中国足球顶级联赛历史上第一个三连冠，并且创造了 55 场不败的战绩。万达征战甲 A 的 6 个赛季里，获得了 4 个冠军。1996 年，球迷里流行一句话：如果大连万达能保持最好状态，那么中国国家队就能赢球。

大连万达成为了在甲 A 赛场上无往不胜的超级战队。这让爱球的大连人十分兴奋。

王健林刚刚开始的足球事业一帆风顺（左一为任举一）

曾有报道描述当年大连这座足球城对足球的偏爱。"双层巴士上是小王涛跃起争顶的英姿和万达夺冠的'全家福';街头随处可见用作装饰的足球造型;正在施工的工地围墙上,也画着一连串足球运动员;球迷会告诉你,当年参加"虎摊灯会",就会有一个硕大无比的足球……"

曾经跟随大连万达征战主客场的《大连日报》体育部主任姜末描述了当年"足球城"的热情。在当时的大连,大家每周的日程安排都围绕着周末万达的比赛。周一、周二、周三,回顾温习上周的比赛;周四开始看赛场、买球票,遇到客场比赛还得订火车票、汽车票甚至机票;周五准备出发;周六、周日全家出动看比赛,如此循环往复。

主场的比赛则更热闹一些,几乎全城出动。举家老小,拉着横幅、拿着喇叭,带上瓜子、水瓶,抱着孩子,聚集在球场等着大胜。没买到票的球迷,就在家守着电视。遇到大连的比赛,除了球场周边,大连的路上都比平时冷清。

时任大连市长曾多次在公开场合表示,因为大连人民喜欢足球,所以他自己就必须喜欢足球。曾和市领导有过多次接触的任举一认为,市领导认定了足球是大连市人民的一张名片,并有依靠足球来宣传大连在国内和国际的影响力的打算。当时,每逢焦点赛事,比如万达和申花的"连沪大战"，以及一些阶段性的总结会，市委市政府的相关领导都会到现场作动员。万达训练基地也是领导们经常光顾的地点。几乎每次比赛的赛前赛后，主管领导都对球队以各种形式表示祝贺、鼓励，甚至会专门抽空去看望球员、教练员。1996 赛季首场去天津的客场比赛，市里的五大班子领导都到机场送行。

任举一记得，1998 年郝海东因为对比赛不满向裁判吐痰泄愤，面临禁赛一年的处分。郝海东是大连的当家球星、头号射手，他的缺席会让志在再次夺冠的大连变得被动。在现场观看比赛的王健林非常焦虑，他连夜召开协调会，很多大连市领导都过来了，王健林提出要和中国足协私下协调一下，最大程度降低对郝海东的处罚，第二天，大连市一个女副市长就亲自去找足协处理这件事。

1996 年新年到来时，因为万达足球队在此前一年的甲 A 比赛中没有夺冠，任举一收到了市领导手写的贺年卡："你要带领全队从零做起，把丢掉的冠军从上海申花手里夺回来。"

任举一说，大连市那么多政府机关，市领导当年只写了不到 30 张贺年卡，其中就有自己一张，"能看出来当时这位前市长对足球发展的重视。"

职业联赛刚开始时，市领导亲近、扶植足球，并不为大连所独有。在上海，同样有一位足球市领导。1995 年，申花夺冠，打破了万达蝉联甲 A 冠军的美梦。那时候，每周一的上海市市委会议的前 20 分钟，市里的领导们一定是在讨论周末申花的比赛。1995 年，联赛最后一轮，徐根宝带领申花夺冠后，上海市领导握着徐根宝的手告诉他，"申花夺冠使上海人民非常满意……足球改革是上海改革开放的一部分。"他还向徐根宝转达了市里领导对申花夺冠的期待——因为腰不好，时任市长徐匡迪躺在病床上，用镜子反射着看完了最后一场比赛。

市长插手球队事务也是惯例。大连万达刚成立时，关于俱乐部建制即有明确的规定：大连万达是万达集团和大连市体委联建的足球俱乐部。在尚未完全职业化、市场化之前，政府在足球领域的发言权甚至可能比赞助商大。

1994 年，曾经是电机厂厂长的郁知非在美国接了市领导秘书的一个电话，让他火速回到上海接手申花队。

当年的上海足球圈人都知道市领导对足球的偏爱。据报道，当时球员在违反交通规则后被交警拦下来，不少人就用市领导找我去开会来做借口。

原深圳足球俱乐部总经理孟庆森曾在接受采访时揭秘这一常态："投资足球的企业，通过当时兴盛的所谓市长足球，来获得政府资源。"

足球的确为城市赢得了更多的关注和荣耀。职业联赛初期，大部分球队根植于特大城市，或者省会，万达则是个例外。足球让大连这座辽宁的海滨城市有机会扬名海外。一些经济发达国家的企业慕名而来，了解投资环境、洽谈合作。大连市体委也积极地利用足球互访，为大连树立国际形象。足球为大连，拉来了投资和人气。

但企业本身更看重的，显然是足球所能带来的更为广阔的人脉和资源。1994年，王健林接手大连足球队后，任举一作为大连市体委副主任，被派到万达足球俱乐部担任俱乐部主任。王健林也迅速表明态度，将万达集团一个副总经理抽调出来，专门配合任举一管理足球俱乐部。任举一说，创办万达足球俱乐部时，时任国家体委主任伍绍祖要来大连访问，并将与市领导见面。王健林和任举一先去见了伍绍祖，聊了一会儿足球，给伍绍祖留下了不错的印象。之后，经由伍绍祖引荐，王健林见到了市领导。

万达舍得花钱，王健林从来不是一个吝啬的老板，尤其对自己喜欢的足球。

曾有记者在1994年大连万达足球俱乐部成立3个月后拜会王健林。彼时，万达集团已经初具规模，王健林和记者预约会晤的时间数次被推迟。万达方面再三解释，董事长正与韩国、新加坡的两大财团洽谈数亿的大项目。

在大连市中心一幢不算豪华但颇具规模的大会客厅，王健林的大嗓门夺门而出："好了，这1000万我答应了。"

记者形容眼前的王健林更像一位典型的军人。"年届不惑，脚步咚咚作响，双手如钳子一般，'寸头'下一对锥子般的眼睛咄咄逼人，说话像下达军事命令一样简明清晰。"

此时的王健林掌管着一个已经在大连房地产市场站稳脚跟的大企业，也正深入地涉足最为大连人所关注的足球。

第四节 金元足球：不惜重金引进人才

王健林是标准的球迷。他形容自己看世界杯"一场不落"。但在1994年，拥有了球队的王健林却"没那个福分了"。他定好了闹钟，不准备错过关键场次。

最让王健林觉得遗憾的，是世界杯上看不到中国球队。他称这是自己投钱赞助大连足球的原因，"前些年公司没这个实力，现在有了点钱，理应挺身而出。""每年 400 万元，仅仅是个底数……随着公司的发展，投入还会增加。"

王健林的遗憾并没有因为他对足球的投入而得到弥补，直到 2002 年韩日世界杯，他的万达球员郝海东、孙继海、张恩华才第一次出现在世界杯赛场。当时，王健林已经远离足球 2 年多，大连万达早已经更名为实德。

但初涉足坛的王健林显然看到了足球带给自己和企业的便利。

根据《南方周末》的报道，第一年投资足球，王健林本来只想花 400 万，到最后严重超支，掏了 600 万。这对于刚刚起步的万达集团来说"简直要了命"。一位大连市足协的负责人回忆，当时，王健林口口声声说"明年搞不起了"，声称要退出足坛。

不过随后王健林带领高管去新加坡访问一家财团，却被拒之门外。直到托熟人告知对方：这家企业是中国甲 A 联赛冠军球队的老板。对方才被打动，以高规格接待。

从新加坡回来后，王健林决定咬牙坚持继续搞足球。

这不是王健林的企业第一次在谋求对外扩展时遭遇冷遇。早在 80 年代末 90 年代初，王健林前往西欧，原本的计划是安排他会见某跨国公司的高管。对方在看过材料后很不客气：我们公司在全球赫赫有名，要与我们合作的公司不计其数，对于你们这样的小公司，我没有时间，也没有兴趣，如果你们执意要谈，先和我们的驻京办事处联系。

但在 20 世纪 90 年代中期，当时全世界最大的霓虹灯广告"万达集团"已经可以傲立大连市中心。

王健林对足球有着自己的想法，他没打算"玩玩而已"，他希望谋取自己在球队经营和运作上的绝对话语权。他曾描述过自己对俱乐部的设想，"通过资金杠杆，确立企业意识，彻底转换机制，按足球规律和市场规律办事，逐步过渡到以股份制为主的含足球与经营为一体的具有独立法人资格的实体，并最终形成造血功能。"

这是典型的具备青训体系的西方足球俱乐部的运作方式。

作为董事长的王健林几乎主客场一场不落地追着球队走。据任举一介绍，星期天比赛，王健林星期六必到，星期六比赛，星期五必到。他会带着一个办公室主任，或者部下，不仅一定到现场，而且每场球都要自己做赛前动员。

他甚至会亲力亲为地关照球队各方面的大小事务，包括引入外援。瑞典人佩莱是大连万达引进的第一批外援之一。头发披肩，用任举一的话说，"像女同志"。根据当时的规定，球员不允许留长胡须、长头发。1996赛季，原本安排佩莱在一场对阵天津的比赛中出场，但赛前，万达接到通知，国家体委指示：佩莱不能出场。足协领导认为，佩莱的头发太长，必须剪。

更衣室没有剪刀，佩莱的首秀很可能泡汤，他在场直叹气，情绪很大。佩莱坚持认为自己的头发被别人剪是一件很可笑的事情，不同意。他要求万达放弃对自己的引进，放自己回瑞典。

万达俱乐部立刻打电话请示，并获得了上层领导的临时许可：可以把头发扎起来、梳小辫，说明短了一点，临时应付这场比赛，但回到大连后必须剪掉。

中方的条条框框惹怒了佩莱，回到大连，王健林带着俱乐部的管理层亲自到佩莱的住地，对佩莱和他的妻子道了歉。

王健林动了真格儿地要把佩莱留下，他拿着自己收藏的字画找到佩莱。在王健林的劝说下，佩莱答应留下了。据任举一介绍，万达对佩莱做了动员，象征性地剪去一厘米，并把头发给国家体委，"你看，我们剪了，头发都在这"，这才安抚了各方的意见。

王健林明白，除了作为老板的必要关怀，钱才是撬动职业球员最重要的杠杆。他试图用市场经济体制下的奖金去鼓励球员，从某种程度上说，这意外地开启了金元足球的先河。"我对足球队的第一次讲话就强调，每个人的贡献与利益紧密挂钩，收入进一步拉开档次，很可能相差几十倍。突出贡献者的报酬将不少于国外职业球员，并在公司给他们预留好位置，对表现差的，将不负责退役后的工作安排。"

在足球事业上，王健林的作风与他经营公司的方式相似。曾有媒体报道称，王健林会拎着装有上百万的现金皮箱到比赛现场。

不少报道对当时万达的"金元政策"有过详细的描述。一次大连客场对阵八一的比赛里，大连上半场 0 比 2 落后。中场休息时，王健林把密码箱拍在桌上，"下半场扳回来，奖金翻番！"这剂强心针极大地刺激了球员，下半场，比分被扳平了。

当时有说法是，大连队的主教练和领队们都有一种甜蜜的烦恼——数钱数到手抽筋。在当时银行卡还不是很流行的年代，现金都需要他们数出来再发给队员。

但任举一否认了这一说法，王健林不会带现金去，那样太俗了。不过他确实会在比赛之前给队员们承诺各种奖赏，包括汽车、房子和现金。

在对稳定的追求压倒对金钱渴望的年代，王健林还会许诺队员们在万达集团更为长久的位置。王健林告诉自己的队员：你为大连拼 3 年，万达保你 30 年。

王健林将比赛分成三个等级，奖金也随之划分为 60 万、40 万和 30 万三个等级，打赢了就拿全额，平了拿一半，输了没钱。进一个球追加 10 万。

在甲 A 的 12 支队伍中，大连万达是树旗最晚的一个。1994 年初赴昆明春训的前 2 天，大连队与大连万达的合作才最终落实。但新东家财大气粗、办事爽快。接受球队后，王健林马上把队员工资增加到 4000-5000 元一个月，豪踞各俱乐部薪资榜的首位。甲 A 联赛第一年，大连客场 3 比 1 挫败吉林后，奖金最高 5000 元。截止到当年 8 月份，万达对足球投入的经费到位 300 多万元，全年投入的资金大大超出之前约定的 400 万元。

除了现金，王健林还给球员们发过纯金打造的金球，每个球都是 300 克的足量黄金打造，不过这种奖励在当年的万达队球员看来只能算是纪念。房子和奔驰级别以上的豪车才真正展现出王健林的管理方式。

1994 年，万达还只是区域性的企业，王健林拿出几套万达自己开发的两室一厅的房子给球员作为奖励。到 1996 年，万达经营业绩猛增，他发的奖金也提到上百万元。王健林收回了之前分给球员的小房子，每个人又奖励一套三室一厅的高级住房。而 1995 年申花夺冠时，分给全队的房子也只有 4 套。王健林的手笔显然要阔气的多，不仅队员，教练、管理层，都可以分到万达盖的楼。

据任举一介绍，奖励都兑现得非常快，经常周末踢完比赛，周一休息一天，周二归队时现金、房屋或者车钥匙就能拿到手了。

成绩不好时，王健林最先感受到压力。1995赛季，万达一再输球，毫不设防的王健林曾对着媒体吐露自己的郁闷："像我们这样的民营企业，每年拿出1000万来搞足球，不容易，我不拿，任何人说不出什么，这1000万拿出来，我们的员工就要少分。前不久，队里反映没有交通工具，我马上给买了一辆，花去了50万。最近又投入200万，与石灰石公司合建一座训练基地。基地有两块场地、一座小楼，房间里有空调、卫生间。去年我答应队里三套房子，现在我给了五套……作为一个足球老板，该做的我都做了，我总不能代替球员上场吧？"

王健林确实舍得给足球花钱。有人把王健林和用金钱包装切尔西的俄罗斯巨富阿布拉辛诺维奇相比较，除了同样砸钱买球员外，两者并没有太多相似之处，况且，远离市场化运作的王健林比阿布出道还要早十几年。

他的足球事业也得到了大连市的大力支持。市领导甚至帮助万达足球队引进球员。据知情人表示，1997年，王健林有意把时任八一足球队的主力球员郝海东转到万达来，但郝海东是部队编制，手续上很难办。为了解决郝海东的转会问题，一些市里的领导出面，通过和部队的关系，成功让万达足球俱乐部将"亚洲第一前锋"郝海东招进队伍。

为了引进郝海东，王健林付了220万元的天价转会费。王健林还私下在北京为郝海东购买了一套住宅，郝海东来到大连后，又在当地拿到了一套房子和豪车。

称霸甲 A 赛场并不是终极目标，王健林显然有着更大的野心。在已经视甲 A 冠军为囊中之物后，王健林表态：大连万达队下一步还要去夺"亚俱杯"（亚冠前身）冠军，要为中国足球早日冲出亚洲走向世界做出贡献。

但他并没有如愿。万达与亚洲冠军距离最近的一次是在 1998 年。亚俱杯决赛里，万达和韩国浦项制铁队苦战 120 分钟都没有进球入账，点球大战里，万达输给了对手，屈居亚军。

第五节 风轻云淡：足球管理的政商冲突

虽然得到了政府重视，但万达也承受着政府的控制。多位熟悉王健林的人士证实，王健林与市领导在球队的管理上爆发过多次冲突。

有一次，在大连市政府在外地召开的内部会议上，参会的任举一亲眼见到王健林与市领导发生的冲突，王健林希望政府能够拿出 100 万元奖金奖励球队。

"我记得市领导有点发火了，说怎么你还要，你这里盖房子我给你优惠不是钱吗，你发的那奖金就算是政府发的了，别得寸进尺。"任举一说。

另一次争吵发生在1998年，王健林想请徐根宝当主教练，万事俱备，就差开发布会。"这时市领导把王叫到了办公室，对他说原来的主教练迟尚斌是被市里重点表彰过的人物，怎能说换就换？"据《南方周末》报道称，被骂出办公室后，王健林只好宣布迟尚斌官复原职。

王健林曾在一次采访中透露事情的原委："今年年初，迟尚斌通过口头和书面辞呈提出辞职时，离出战亚俱杯还有2周，据甲A开赛也不足一个月，因此选择一位称职的主教练成为当务之急。"据王健林介绍，关于聘请新主教练的意见，大连市和万达俱乐部进行了协商，在考虑到备选教练的资质、名气以及档期后，双方达成了一致——徐根宝。

王健林给徐根宝打电话，徐根宝也表示出了自己的兴趣，第二天便从广州飞到大连，双方一拍即合，达成了初步意向。正在这个当口，迟尚斌提出，希望能带队打完亚俱杯再离开。"俱乐部曾担心徐根宝不好说话，让王健林意外的是，徐根宝表现得很大度。即使回到上海后，也没有对万达方面进行指责。"这件事令万达上上下下对徐根宝产生了好感。亚俱杯后，迟尚斌辞职，徐根宝走马上任，成为新任主教练。

王健林和足协主席蔡振华交谈

事情却远没有这么云淡风轻。1996 年，从申花下课后，徐根宝在口头上答应了广州一家俱乐部邀请的前提下，被王健林挖到了大连。但就在新闻发布会的现场，他被告知，因为时任市长正在视察，签约需要延后。几个小时后，市长接见了徐根宝，他没有提及对徐根宝带队的要求以及期待，只是告诉他，"不妨先在大连四处转转"。

即使已经和万达签订了工作合同，徐根宝最后还是两手空空地离开了大连。

搭飞机回广州时，徐根宝在机场遇到了一位自己和迟尚斌的共同朋友，他意味深长地和徐根宝说："根宝，大连天气这么冷，你来干什么？"

从广州回上海，是大年三十，徐根宝没有回家，提着行李一个人在上海街头走到半夜，最后躺在了宾馆里。

当时的王健林也遭遇了过山车一般的落差，他的心情并不比徐根宝更好一点。他没想到自己已经敲定的教练被横遭干涉。徐根宝回忆，他见到了从薄熙来办公室出来后气冲冲的王健林。王健林把一张纸团扔在自己的面前，上面写着："坚持自己的观点，不要变。"王健林告诉徐根宝，迟尚斌还要继续干，这次对不起了。

徐根宝曾是申花的功勋教练，大连球迷对他抱有不信任的情绪。职业联赛头几年，连沪争霸被称作"国家德比"，两市的球迷也掐得厉害。正是徐根宝带领申花在 1995 年联赛夺冠，使万达蝉联甲 A 冠军的美梦破碎，甲 A 联赛前 4 年里，大连三夺联赛冠军，唯一一次失利，就是栽在了徐根宝的申花手里。

王健林似乎有一种不达目的不罢休的气势，一个月后，万达又找到了他。这一次，迟尚斌接受国家队教练组的召唤，并且向万达提交了书面的报告，确定离开，徐根宝终于得以名正言顺地进驻。

1998 赛季，面临巨大压力的徐根宝没有辜负王健林的信任，带领万达夺了冠。

第六节 萌生退意："永久退出中国足坛"

但好日子毕竟已经过去，万达屡次夺冠，球迷的胃口越来越高。来自大连政府的压力和足坛赌球黑哨的横行，让王健林萌生退意。

1998-1999 赛季亚俱杯第一轮大连万达主场比赛开始之前，王健林在场边和央视足球解说员刘建宏聊天时吐露了退出的想法："5 年来，真的对中国足球的很多现象深恶痛绝，但更苦恼的是自己无能为力，假如明年一切如故的话，万达集团将有可能退出。"

与此同时，大连也在流传，虽然大连万达是全国一流的队伍，俱乐部本身的经营情况良好，但由于万达自身的财务问题，已经无法支撑万达队的巨大开销，到了不得不卖的地步。还有人称，由于对万达队投入巨大，三次夺冠后，万达集团希望在 1998 赛季能够喘口气儿，因此向市政府要更多的优惠政策，这引起了决策层的不满，他们认为万达集团太贪心，双方有了嫌隙。

王健林从来没有提及自己和政府在球队管理上的分歧，他坚称自己退出是因为足坛竞争环境的恶化，绝不是因为钱。"6 年我们总共投入 3 个多亿，收回 1 个亿，净投入 2 个亿。"他反复强调，退出只是因为看不惯。足坛假球、黑哨的盛行，万达夹在中间，很难再有突破，"一年几千万，我花得起，把名声搞臭了，我就赔不起了。"

但万达确实也遭遇了经营瓶颈。据王健林自己回忆，"万达在 1994 年的销售额是 29 个亿，占了当时大连房地产份额的 20% 以上。但我们从 1994

年之后就开始下滑了，一直保持在 16 个亿，想要突破 20 个亿很难。"

1998 年 9 月 27 日，足协杯半决赛大连万达和辽宁次回合比赛中，由于对主裁判三个点球的判罚不满，王健林宣布"永久退出中国足坛"。

虽然看似是一时冲动，但对王健林来说，这并不是拍脑门子的决定，宣布退出后的第二天，王健林就召集记者重申了退出的打算，并将矛头指向整个中国足球。接着，万达集团公布退出方案和其他企业接手的条件。其中提及了最为关键的内容——关于冠名权和整体出售转让包括基地和三线队员在内的问题。王健林动真格儿了。

他从来没有提到过任何与公司业务、经营和地方政府偏好有关的考虑，只是不停地强调自己对于假球、黑哨表示无奈："有这些存在，中国足球永无出头之日。"

王健林公开发表退出演说后的很长一段时间，大连市政府都保持着沉默，这多少让人有些意外。有评论认为，不说话本身就是一种表态，如果想要挽留万达集团，有关方面似乎应该早早地出面安抚，但是一向看重足球、倚重万达的大连市政府并没有。

1998 年 10 月 7 日，王健林宣称退出足坛 20 天后，大连市委、市政府领导来到万达足球训练基地，看望球队的教练员和队员。市领导肯定了万达对大连足球的贡献，但他也为之后局势的变换给队员交了底。

市领导强调了企业对中国足球的参与和退出都是他们的合法权益。他代表市委市政府表态：大连市委市政府不会让大连足球中断，无论将来如何，大连都会有一支优秀的球队。

有趣的是，市领导视察万达足球训练基地时，王健林并没有到场。

在得知王健林放弃俱乐部后，徐根宝随即声明，自己会在 1999 年离开万达。徐根宝是王健林力主挖来的教练。有媒体报道，在联赛尚未结束的敏感时期，徐根宝提出了自己的去向，只能表明一点：这里的足球环境已经发生了某种不适合他继续干下去的变化。

年初，在大连国际服装节闭幕式上，当率大连万达第四次夺冠的徐根宝露面时，市领导还曾表达过自己的恭维：根宝，你做市长比我受欢迎。

当年的万达三连冠的庆功会上，大连市领导与参会人员一起合影。刚开始，领导们坐中间，王健林和徐根宝坐最左边。照了一张后，市领导喊了停，招呼徐根宝坐到中间。当天晚上，大连就传出，因为市领导的挽留，徐根宝不走了。

但王健林并没有受到市领导的礼遇，对于万达退出，市长给出的信号一直暧昧不明。

王健林的退出决定曾让徐根宝下决心离开。1999赛季，徐根宝原本接受了来自四川的邀请，双方只差在合同上签字。就在他请辞时，却收到了继续留任的消息。时任大连市长在内部会议上指出，明年是建国50周年，大连建市100周年，足球还是要拿冠军，王健林和徐根宝一个都不能放。徐根宝在自传中写道，1998年底王健林突然喊他去，告诉他，"根宝，情况变了，薄市长召开了市政府足球内阁会议，在会上决定让我继续搞万达队，而且让你继续做教练，也不放海东去英国了。"

王健林留下了，但他似乎已经心灰意冷。1999年的大连队甚至一度在降级区周旋。2000年，在足坛扫黑反赌风暴来临前，万达的品牌完成了与足球最后的切割，大连万达足球俱乐部成为历史。

在《足球之夜这几年》一书中，央视足球解说员刘建宏曾对此有过分析："我们所谓的职业俱乐部，虽然冠有投资者的名称，但投资人多数情况下仅仅被视为赞助商，他们的利益更多地要依靠长官意志或政府行为来赐予，这其中隐藏了较大的不稳定性，那种靠天吃饭的感受并不美妙，更有甚者，老板们的虚荣心有时也得不到满足。在外人看来球队是这个城市的，球员是公共财产，老板只不过是管家，掏了钱，费了劲、操了心还得受气，这样的老板不当也罢。"

退出足球后，王健林把全部的精力放在了经营上，他的万达广场开始在全国各大城市铺开。

大连人没有想到，王健林会卖了自己的球队。他们依据的理由是：万达队是"大连四宝"之一，大连政府怎么会放走万达呢？

接手俱乐部的是实德。1999 年 12 月 24 日，王健林将足球俱乐部甚至足球基地等优良资产一起甩卖给大连实德集团董事长徐明。

转让合同书显示，大连实德集团只需掏 5000 万元现金，其余的 7000 万元"通过实德集团指定的承贷单位承担万达集团在建设银行大连分行的贷款来支付"。在经过 1 年的过渡后，2000 年，大连万达全面退出。

有媒体报道，当年，王健林退出大连足球时，是流着眼泪走出大连市某领导办公室的。王健林并没有想过真正的退出。当时的万达，正面临资金紧张的困难，王健林声称要退出，有一种"要政策"的意味在里面，但最后，他的"矫情"却变成了事实。

1999 年，万达足球俱乐部正式更名为实德足球俱乐部之后，王健林曾对任举一袒露心声。正式改名的那天，当时王健林准备去参加一个活动，临上车之前突然转过头和任举一说，"真的不甘心"。

直到徐明因为牵连薄熙来案而定罪，任举一才明白，王健林"不甘心"里的委屈。

一位大连体育界的内部人士描述了这样一个场景，球队更名后，只有当市领导去现场看比赛时，接替万达管理俱乐部的实德集团董事长徐明才出现在看台上。

与徐明不同，在《大连日报》体育部主任姜末看来，王健林是"真球迷"。他看球员的眼光很准的，引进小王涛、郝海东、签下教练科萨都是个例子。即使在确定离开足球后，王健林还通盘买下了大连毅腾的小队员冯潇霆、董方卓、权磊、赵旭日，后者已经成为今天中超和国家队的绝对主力。

作为跟队记者，姜末经常能遇到随队征战的王健林，甚至训练的时候也能经常看到他。

这个说法也得到了任举一的证实：王健林几乎没有落下过一场万达队参加的比赛，哪怕是客场，他都会在比赛前的一晚上赶到。就像 1992 年之前的王健林，他不会错过任何一场世界杯比赛。

喜欢大场面的王健林舍得为此花钱。原万达足球俱乐部副主任张家树清楚地记得，自己在 1996 年赛季花 13 万元购买船票，率领 1000 多人的球迷助威团，包船去天津看客场比赛。

"他希望足球能给城市带来荣耀，自己的名气就自然而然有，所以不小家子气"。任举一说。1996 赛季，万达 55 场联赛未尝败绩，这也是王健林最为自豪的事情之一。

离开足球 13 年后的王健林并不看好现在取得成功的恒大经验。他的万达走过一条截然不同的路。万达所凭借的，是根植于大连市的优渥的青少年足球土壤和青训体系。

在接受凤凰财经的采访中，他以一位过来人的口吻提醒说，靠外援取得成功的经验，放在孱弱的国家队身上可能并不奏效。他也毫不讳言，自己根本不看好现在的中国足球。

他将更大的赌注下在中国的少年甚至年龄更小的球童身上，他送这群孩子到海外去接受训练，并耐心等待他们成长。

王健林在复旦大学的一次演讲中提到过回归足球的可能性："回到中国足球，要了解我们为什么退出中国足球。有两个原因，一是对这个体制感到无奈，是官办足球，我只有拿钱的命，没有任何话语权，我觉得没意思；第二点，我们集团进来以后没有制止住，我什么时候进来？把官办足球变成市场足球后，我一定会回去，只要我回去，一定是最棒的。"

实德的徐明、健力宝的张海、绿城的宋卫平、九城的朱骏、恒大的许家印……中国足坛并没有因为王健林的离开而少了热闹。一批又一批有野心的资本家涌入这块红海，也让离开了霸主的中超赛场经历了一轮又一轮的洗牌和重构。有人来，有人离开，有人苦苦支撑，也有人放弃。

在这期间，中国足球的成绩并没有提高，广为诟病的青训体系还是孱弱无力，而足协还是没有实现真正意义上的管办分离，市场化、职业化听起来像是永远无法实现的梦。丑闻和战绩交织，占据并消耗着球迷的耐心。2001 年，宋卫平和李书福告足协怒斥"黑哨"的事情刚刚被遗忘，就发生了中超元年（2004 年），以大连实德、北京国安为首的七家俱乐部投资人逼宫足协，发动的以"政企分开、管办分离"为诉求的 G7 革命。几年后，足坛的反黑打赌风暴又把前足协专职副主席、中国金哨等一批足球从业者送进了监狱，也让当年被默契遮掩着的足坛丑恶彻底曝光。

忙里偷闲，中国足球也给球迷贡献了一些可以聊以自慰的谈资，比如2002 年，凭借同大洲两个国家做东道主的优势，中国队历史性地进入了世界杯，并且在 2013 年，国内俱乐部第一次问鼎亚洲冠军……

但在这之前，掀起最大浪潮的是王健林的接班人徐明无疑。在他手里，大连足球高开低走。

几乎所有人都认同：徐明并不喜欢足球。他缺少一位球迷老板应有的理想主义情怀和长远的打算，更多考虑的是：自己如何能更快地从中赚到多少钱？

在入住实德后，徐明一口气买下了四川冠城、四川金鹰，组建了大连赛德隆、大连三德，参股辽宁中誉。实德和冠城同为中超球队，这让联赛里出现了两支球队一个老板的丑态。徐明的打算，是用多个卫星队给母队的夺冠保驾护航。最后，中国足协认定实德影响公平竞争，将它剥离，才平息了闹剧。

除了倒腾资本运作，徐明并没有给实德一线队做出过多的投入。但最让大连球迷伤心的，是实德主政大连足球长达13年时间里，对大连青训系统的破坏和掠夺。国青、国少曾经几乎被大连包办，并在国家队占有绝对席位的大连球员，如今在国青、国少队里，已经颇为罕见。即使大连市里，踢球孩子的数量也远不如前。

实德盘踞大连时，曾凭借老板与领导的关系，强行收编大连市内其他俱乐部的青训队伍。

大连足球本身依托的正是遍地开花似的青训体系，而强行被收编，使小俱乐部的积极性受到极大的挫伤。不少大连优秀的足球人才，在十二三岁时就离开了大连，前往广州、上海，寻找机会。

2012年10月29日，老板徐明"失去联系"7个月后，实德在官网发布声明，确认球队在中超最后一轮结束后退出联赛，并把球队卖给了阿尔滨。

接受实德的是一家大连本土的房地产企业，老板赵明阳的父亲是通过承包大连万达的建筑工程而起家的。这对大连金州县郊区的农民父子是纯正的球迷。

赵老板被认为是一个财大气粗、舍得花钱的人。他喜欢车，拥有多辆超级跑车，也曾大手笔地签下于汉超、陈涛。新老板投入巨资完成了球队的训练基地后，还斥资 1.5 亿元在日本建立海外的培训基地。阿尔滨也确实取得过不错的成绩。2013 年，升入中超的第二个赛季，他们获得了联赛第五的排名。

但在最近两年，高压的调控和低迷的市场需求使房企的"黄金时代"不复存在。从 2013 赛季开始，阿尔滨就始终受欠薪丑闻的困扰。据媒体报道，2014 赛季开始直到第 14 轮，阿尔滨球员都没收到工资，拖欠时间累积 11 个月。

赵明阳曾在面对《南方记者》的提问"为什么要接下这一几乎注定赔本的烫手的山芋？"时毫不遮掩地反问道："中国的事情你还不懂？"

2014 年联赛赛程过半时，有接近阿尔滨的足球界人士透露，阿尔滨可能会被北京的一家企业全盘购买，俱乐部也随队迁往北京。曾经创造了八星奇迹（意味着在联赛中夺取过八个冠军）的足球城大连，可能面临没有自己的顶级联赛球队的尴尬，就像 20 年前经历的那样。

大连人比以往任何时候都怀念王健林。足球的荣光已经离开大连很久，现在，轮到了广州人为之疯狂。

即使同样喜欢足球又抱有豪情壮志的宋卫平和朱骏曾经掀起中超赛场的血雨腥风，但从没有球队取得过广州恒大一样的成绩。

2010 年 3 月 1 日，河南地产商人许家印掌舵的恒大集团买断中甲联赛的广州白云山全部股权，更名为广州恒大足球俱乐部。

入主广州俱乐部的许家印为球队提出了目标：次年冲超成功、五年内争取亚冠冠军。

很多人都在等着看恒大的笑话。中国足球走职业化路子 16 年来，有钱的金主不少，有豪气的老板也不少，许家印会是下一个炮灰吗？

让所有人大跌眼镜的是，许家印比之前的老板们更懂规则也更有计划。

资本强大的地产商搅动了中超联赛。在重金引入孔卡、穆里奇、埃尔克森、迪亚曼蒂、巴里奥斯，大手笔买进中国球员邹林、张琳芃、郑智、冯潇霆、孙祥之后，2012 年，意大利世界杯冠军教练里皮入主。

2011—2013 年，广州恒大连续三次获得中超联赛冠军，取得了比肩大连万达的成绩。同时，还获得了一次超级杯冠军和足协杯冠军。在国际赛场，2012 年首次参加亚冠比赛的恒大就杀进了八强，第二年就把亚冠冠军收入囊中。

这是中国俱乐部第一次问鼎该项赛事的冠军，取得了王健林念念不忘却始终失之交臂的荣耀。恒大的亚冠决赛成为近年来最受关注的足球比赛，2013 年 11 月 9 日的晚上，几乎所有的中国球迷都成了恒大球迷，在亚洲赛场许久抬不起头来的中国球迷借由恒大的胜利获取抚慰。就在同年，恒大获得了亚足联最佳俱乐部奖。

许家印的路数并不新鲜。恒大也是一支靠钱撑起来的超级战舰。俱乐部把成绩和钱挂钩，并根据赛事的等级把奖金做了区分。根据俱乐部公布的 2012 赛季的奖金方案，亚冠胜一场奖励 600 万，平一场 300 万，输一场不扣罚，每晋级一轮额外奖励 600 万。在中超赛场上，胜一场 300 万，打平不奖励，输一场扣罚 300 万。足协杯为胜一场 60 万，平一场 30 万，输一场不作扣罚，晋级一轮奖励 60 万。许家印为恒大定下的口号是"Be the best forever"（永做最佳）。

第七节　王者归来：五亿赞助中国足球

曾经毅然宣布退出中国足坛的万达董事长王健林 2011 年 7 月 3 日宣布重返足球界。与 19 年前不同，他没有选择注资任何一家俱乐部，万达的计划是，未来三年至少出资 5 亿元，达成与足协的战略合作，其中的重点是冠名中超联赛，以及扶植青少年足球。

在大连达沃斯现场接受《中国经济周刊》专访时，王健林谈到了再次投资足球的动机，一是因为自己喜欢，二是领导有指示，要求他赞助。

就在当年 1 月份，王健林参加了国务委员刘延东主持召开振兴足球工作会议。刘延东带来的信号是，"中央十分关心足球运动的改革和发展"。王健林在会上表态，如果中国足球需要，他愿意"拿出几个亿来"支持。

口头的承诺在半年后兑现。7 月 3 日，"中国足球协会与万达集团战略合作签约协议"在北京理工大学举行。根据协议，万达集团 3 年至少出资 5 个亿，全面支持中国足球的振兴。同时，万达赞助的"中国足球希望之星赴欧洲留学"也宣布启动。这是职业联赛开赛以来，中国体育史上最大的单笔赞助资金。

活动结束后，刘延东握着王健林的手说："你做了件好事，特别是在中国足球低迷时，更有意义。"王健林没有打算靠着赞助足球来直接给自己赚钱，他有着更为长远的打算，这和他的继任者徐明不一样。"赚钱是不可能的，但也不能算是政治任务吧。你不做，领导也不会强求你。"王健林认为，能达成合作，是上层要求和自己意愿两方面结合的默契。

王健林认为，自己之所以能在心灰意冷后再次萌发投资国内足球的想法，是由于 2009 年足坛的打黑反赌运动给了他的信心。

"要想使足坛净化，起码高层要保持这种高压态势，之所以我愿意回来，也是了解到今后中超比赛、国内比赛，公安部始终会参与。用高层领导的话说，就是'始终保持高压态势'。"王健林在接受采访时说。

万达与中国足协的 3 年 5 个亿协议包括 6 个方面：冠名中超联赛；选拔16 岁以下青少年赴欧洲顶级足球俱乐部留学；出资支持全国青少年联赛；选聘世界级优秀外籍主教练；探索改革现行裁判考核、奖励制度；出资赞助国家女子足球队。

有了钱的足协开始了一轮声势浩大的选帅，随后，西班牙名帅卡马乔入主国足。但很快，王健林就发现自己的钱没有花在刀刃上。2011 年，足协与卡马乔签订了一份三年半的合同，合同为卡马乔的教练组团队开出了税后 430 万欧元的年薪。这在世界足球教练薪资榜上可以排进前十。但合同中并没有任何关于成绩上的硬性规定和考核标准，也就是说，中国足协无权单方面解除卡马乔合同。

所有人都在期待西班牙名帅可以带领中国足球闯进 2014 年的巴西世界杯，令人失望的是，中国队连十强赛都没进去。

就像一个跑了 50 万公里的车配置了 F1 车手，即使拥有世界顶级战术和训练思路的教练，"积贫积弱"的中国队在面对全面进步的亚洲对手时，仍然无计可施。球队面貌无改观、亚洲杯预选赛小组未出线，卡马乔"下课"的声音始终没断。但双方的合同中并没有限制性条款，卡马乔得以依旧拿着高薪，留任球队主帅。直到 2013 年 6 月 15 日，国足 1 比 5 惨败泰国队。在忍无可忍的中国球迷的怒骂中，中国足协才下狠心，让卡马乔"下课"。

足协下不了决心让卡马乔下课最大的原因是钱。由于中方单方面解约，卡马乔依照合同，提出了天价的赔偿金。

掏了钱还蚀了本的万达拒绝再为卡马乔的违约金买单，这让足协尴尬不已，也让签订"愚蠢"合同的足协成了众矢之的。

卡马乔最终与中国足协解约，但解约金成了秘密。有报道称，为了"请走"卡马乔，足协需要支付约 7000 多万元。

2014 年 7 月，中央巡视组进驻国家体育总局，足管中心在首批巡视名单里。巡视开始前，中央巡视工作领导小组组长王岐山在工作动员部署会上表态："哪里问题集中就巡视哪里。"

新一轮审计中，包括对卡马乔合同的审查，万达也许可以通过审计为自己投进去的钱"讨个说法"。

不过，砸过大钱的王健林明白，钱可以迅速提高一支队伍的成绩，但并不能拯救中国足球。"中国足球最大的问题是制度设计和制度改革。"他承认，自己"只是赞助者，出钱的人"。

曾经在更衣室自己训话的王健林不再计较对一支球队的控制，他开始在顶层设计中，谋求自己的话语权。

王健林对中国足协提出的是"3+N"的开放性合作策略，3 年 5 个亿投资结束后，是否会追加投资，取决于中国足协的表现。

王健林在 2011 年 7 月 3 日的签约仪式上开玩笑说："蔡局今年 50 岁，按照国家规定还可以再干 10 年。以后是否支持，支持多少，那得看蔡局和韦迪（前足协副主席）他俩干得如何。"

他曾经需要足球带来的声名和所提供的直接通达上层的路径。但在万达已经成为国内最有能力调动政府资源的大企业之后，这些对王健林来说已经不那么重要。他曾在中国足球开始的年份重金打造辉煌的万达战队，又在嗅到不寻常气息后全身而退。他对足球满怀热爱，舍得投入，不计较一城一池的得失，但他同时也是个精明的商人。

对王健林来说，5 个亿不算大投入，他曾在十几年前万达身上掏过比这更多的钱。与后来者宋卫平、李书福不同的是，没有哪一次，王健林会空手而归。

第五章
中国城市中心的万达帝国

万达参与足球部分是因为王健林的个人兴趣，部分是因为大连特殊的足球文化底蕴，这其中多少有些偶然性，但万达集团向全国扩张乃至向全球扩张，则有商业逻辑内在的必然性。

王健林很早就把视野瞄向了全国。事实上，在 1993 年，他就开始尝试在广州开发房地产项目，在那个年代，民营房地产企业跨区域开发还非常罕见，广州工商部门甚至不愿意受理万达分公司的注册，王健林迫不得已，通过借用当地某华侨开发公司开展业务，虽然过程一波三折，但走向全国一直是他的梦想。王健林后来回忆说，万达集团最早出去搞跨区域发展，第一站在广州就不成功，是跟别人合资做一个什么项目，我们是占小股份，别人占大股份，投资了 2 个多亿，但是，这小子把我们的钱投进去他自己拿着钱就跑了，我们当然先起诉，告状，慢慢把公司接过来，我们接着再补钱进去，实际上我们还算不错了，最后没亏损，但只赚了几千万。

第一阶段　一代单店：万达早期开发的产品，业态整合在一个单体建筑内，总面积5万至6万平方米。

第二阶段　二代组合店：万达2003年至2005年间开发的产品，由多个单体店组成，总面积10万至15万平方米，内含百货、超市、影城等6到10种业态。

第三阶段　三代城市综合店：也称为HOPSCA，是万达2004年以后开发的产品，总面积在30万平方米以上，其中包括购物中心、影城、酒店、写字楼、公寓等业态。

万达集团商业地产产品的三个发展阶段

而真正让王健林走向全国的，却是万达的商业地产模式。从 2001 年开始，王健林的万达集团以商业单体的方式勇往直前，冲向多个城市中心，其具体的表现形式就是万达大楼或万达广场，而每个大楼或者广场都要配备大型超商、电影院线、商铺以及美食城，在商业地产领域的发力使得原本寄居一隅的万达集团在业界开始初露锋芒。

万达广场在其发展过程中，出现过三种业态。

第一代商业地产称为单店，业态整合在一个单体建筑内，总面积 5 万到 6 万平方米，具体的操作流程为先建造一座商业大楼，万达集团会利用大楼的第一层开设一些精品店，利用大楼的第二层开设超市，第三层开设家具店，第四层则是电影院等，代表作有长春万达商业广场、青岛万达商业广场、南京万达商业广场。

万达第二代产品被称为组合店，是万达集团 2003 ～ 2005 年间开发的产品，由多个单体店组成，总面积在 10 万至 15 万平方米，内含百货、超市、影城等接近 10 种业态，代表作有天津万达广场、南宁万达广场、武汉万达广场等。

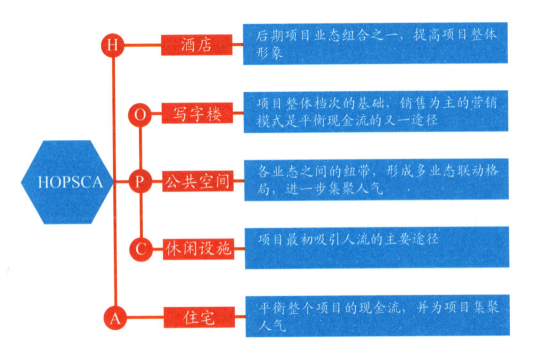

业态配比在万达广场中的作用

在这期间，为了吸引更多的消费者，万达集团的第二代模式开始尝试多元化发展，他们不断引进电玩、百货、餐饮等新业态，更重要的是，万达开始注重自己商业地产的规模。之前追求快速的万达逐渐将"做大"也列为项目的重点，在这个过程中，万达考虑更多的是万达广场的实用

低档项目 已经建成万达广场项目基础上低配置的建造标准——例如：泉州万达广场、重庆南坪万达广场、西安李家村万达广场

中档项目 参考目前已经建成开业的万达广场项目经过综合分析而得出的建造标准——例如：上海周浦万达广场、武汉经开万达广场、郑州中原万达广场

高档项目 在已经建成万达广场项目基础上提高配置标准的建筑——例如：北京CBD万达广场、青岛CBD万达广场、上海五角场万达广场

万达项目三版本标准指标的差别

和圈地性，吸引不同需求的消费者都来购物，是万达广场的目标所在，这种组合式的商业发展模式开始正式走进城市人民的生活，为万达集团聚合了不少消费人群，也为万达商业地产的品牌效应打好了基础。

万达第三代是城市综合体，也被称为 HOPSCA——H 是酒店，O 是写字楼，P 是公共空间，S 是购物中心，C 是文化娱乐休闲设施，A 是公寓。城市综合体是万达集团的核心竞争优势，是一站式消费场所，全方位满足人们

第一代产品：单店——代表作品：长春万达广场——开发模式：建设一个大楼，配小面积广场。1F 精品店，2F 超市（沃尔玛等），3F 家居，4F 电影院——产品特点：一楼一主力店。5 万～6 万平方米。主力店低价给沃尔玛产生影响力，再高价出售底铺盈利。

第二代产品：组合店——代表作品：北京 CBD 万达广场——开发模式：建立 4～5 个独立的主楼或伴裙楼。每个主楼是独立的业态（百货、超市、写字楼、影院等），主楼由室外步行街连接——产品特点：6～8 个主力店，每店 15 万平方米，各业态租金盈利。

第三代产品：城市综合体——代表产品：宁波万达广场——开发模式：基本模式同第二代产品，功能扩展至电器卖场、电玩城、健身中心、写字楼、高档公寓等——产品特点：体量大约 150 万平方米，功能多，物业管理更专业规范，成为城市功能中心或者副中心。与第二代不同之处在于其持有型物业盈利。

万达三代产品的代表作品、开发模式以及特点

的消费需求，等于重新创造一个城市中心。代表作是上海万达广场、北京万达广场、宁波万达广场、成都万达广场等。

在万达广场第三代商业模式中，万达集团还建立了室内步行街，让几大主力店铺围绕着这个步行街布局，而不再是各守一方，这是万达集团在商业地产设计上的一大创新。到2005年时候，万达商业地产的第三代产品万达城市综合体模式已经逐步走向成熟，而万达也开始了迅猛的全国扩张过程。

"如果说第二代的管理模式是出于对产业链的把握，万达的第三代管理模式则完全是出于对商业规模更深的认识。"王健林如此评价说，"万达的成功主要是商业模式的成功，也是投资模式的成功。"从第一代单店和第二代复合店卖铺，到现在只卖商业之外的产品如写字楼、公寓，万达实现了产品链的最优组合和资金链的良性循环，构筑了预期的升值空间。

打开万达的官网，首先看到的是之前由王健林提出的万达发展口号，"一座万达广场就是一个城市的中心"。王健林曾表示，万达集团旗下的万达广场不仅有五星级酒店、商业中心、公寓、写字楼、住宅楼，还有电玩城、健身中心、国际电影城等。可以说，万达广场已经做到了集购物、娱乐、休闲等多种功能于一体的综合型商业中心。

从 2000 年开始转型做商业地产，到 2005 年万达城市综合体的推出，用了五年时间，万达完成了一个漂亮的转身。在万达内部，已经没有多少人再怀疑商业地产的价值，而王健林冲向全国舞台的心情也日益迫切了。

在这个过程中，王健林对政策变化的把握和市场趋势的判断，展现了他非同寻常的远见和领导力。

客观地说，到 2005 年，万达集团已经拥有了全国知名度，并且其第三代城市综合体模式已经成熟，不过，在全国开发商阵营中，万达的实力和影响仍远不及万科，甚至不及 2007 年上市的碧桂园。不过，王健林利用发挥极致的融资能力，使万达集团一直在快速扩张中。到 2007 年，万达集团已经在全国拥有数十个万达广场，在商业地产领域遥遥领先。

王健林还设计出了独具竞争力的"资金流滚动资产"的模式。在投资方面，自有资金、银行抵押贷款和第三方投资基本上构成了 2 比 6 比 2 的比例；在业态方面，60% 的出售物业，主要是住宅、写字楼和社区商业，迅速回笼资金，40% 的持有 Mall，享受增值和稳定的租金收入。

严肃的帝国掌控者王健林

2008 年美国次贷危机爆发，中国经济出口引擎熄火，中央政府决定采用财政扩张政策刺激经济发展，以"四万亿"为代表的经济刺激政策横空出世，这个时候货币政策极度宽松，在恐慌情绪感染下，地方政府急于卖地，银行急于放款的荒诞剧便联袂上演，银监会按月检查银行放贷是否达标，对一些知名房地产开发商来说，只要申请就能拿到贷款。

王健林很好地抓住了这个历史性的扩张机遇。"这样的机会以后还有吗？"王健林曾在一次演讲中谈到当时的危急时刻，"很多人被形势吓怕了，不敢将项目揽入怀中，万达 2009 年年初又乘胜追击了十几个，土地的价格低得惊人。他一声令下，万达仅在 2008 年年底就将十几块土地揽入怀中，2009 年年初又乘胜追击了十几个，土地的价格低得惊人。在上海和南京这样的城市，万达拿到的土地价格仅每平方米 1000 多元，2009 年开盘价就是地价的十几倍。

"一个企业步步踩准不太可能，多数时间都是在平均线上，但关键几步你就拉开距离了。"王健林后来说。2008 年的那一轮调控之后，万达发展曲线呈现 V 形反转，一举超越了之前一直领先它的大公司。这次调控还有一个意想不到的后果，住宅房地产的风险和劣势越来越明显，而商业地产在对抗经济周期、增加就业和创收等方面的优势，则越来越得到政府和业界的认同。

"说我们是前瞻性强也好，蒙的也好，万达这一次踩准了点。"王健林说。实际上，他一直对政策保持高度敏感，2004年的那轮调控中，银监会和开发商博弈导致调控政策暂停，王健林的决策就是拼命卖房。很多同事说他逼得太急了，让大家都感觉太累。王健林急了，冲口而出："慢个屁！再不抓紧就来不及了！"果然不到半年政策窗口就又收了起来。

在王健林看来，万达之所以在2008年以后进入爆炸式发展，还有一个特殊的原因，"我们的人才团队在2009年开始发生质的变化"。2009年，一大批高级职业经理人加盟万达。"这几年万达并非线性发展，而是细胞分裂，1个变2个、2个变4个。"

在华高莱斯副总裁公衍奎看来，万达这家"最有中国特色、最与中国节奏合拍、最亢奋的公司"，最能说明这几年中国地产的发展状况。"万达更标准化，执行力更强，在外人看来和万达似乎只差了一点点，但是就是这一点点就差了很多。"中国商业地产联盟秘书长王永平说。

万达这个阶段的快速发展，还得益于这个时候以万达城市综合体为主要形态的万达模式十分契合地方政府的口味。万达这种综合开发模式，体量大，投入大，对本地经济的促进作用十分明显，同时万达广场引入众多国际和国内一线品牌，往往又提升了城市的整体形象，因此他们有充分的动力寻求和万达的合作。

每年都有众多地方政府络绎不绝地前来万达寻求合作机会。万达模式成为万达集团发展的重要杠杆，避开了众多开发商争破头皮争夺住宅地块的市场红海。

显而易见，在和各个地方政府的博弈游戏中，王健林和他的万达集团充分掌握了话语权和主动权。对于这一点，王健林也从不避讳，他甚至愿意主动提起，"万达只和政治上有追求的政府官员打交道，有些地方政府哼哼哈哈的，这样的地方我就坚决不去。反正请我的有的是，何必要去和你扯这个。"

这种对官员政绩和城市形象强大而又富有诱惑力的带动力量，让王健林成为备受地方政府市长欢迎的座上宾。王健林曾透露，万达每年做二三十个项目，百分之百来自政府的邀请。

在和地方政府合作中，项目不断变大，占地面积从几百亩到几千亩，建筑面积从几十万平方米到上百万平方米，投资金额从几十亿到几百亿，商业广场、购物中心、旅游文化、度假区等概念不断被植入到万达模式中，万达的第四代产品万达城逐步形成。

在这个过程中，频繁拿地的万达并没有像多数开发商一样患拿地"纠结症"。根据万达集团拓展部的一位高层透露，目前在新项目拓展阶段，如果考察中的意向城市没有书记一把手亲自出面进行招商洽谈，万达一般就不会再进行进一步的深入接触了。如此底气，恐怕在外界看来难以想象。

万达模式的优势直接体现在拿地和土地价格上。通常，万达的项目都是当地重点招商引资项目，各种手续开绿色通道，有些地方政府还会在土地出让时设定特殊条件，以实现"定向出让"。在二三线城市，万达项目的土地价格会低于周边项目30%，甚至更多。有的三四线城市甚至还会将土地出让金再度返还给万达。2010年，万达新增1976万平方米土地储备，拿地资金投入约300亿元，以此计算平均楼面地价约1500元／平方米。

在地产市场上，万达"低价拿地"已经是公开的秘密，这也是万达的"核心机密"。

当然，万达也给支持他的政府以良好的回报，"凭借着万达的执行力，从拿地到开发，我们能实现在 18 个月内开一个万达广场。"王健林如此的信誓旦旦确实让看重城建速度的政府无法抗拒。

万达一般从拿地到开工，不会超过 4 个月（万达一般不进行土地储备），到正式开业一般不超过 18 个月。开工后 4 个月左右即可开盘，万达一直努力实现"建成即开业，开业即旺场"的格局。

万达内部严密的管理体系，包括把项目模块化分解，层层确定责任人，万达长期以来形成的合作伙伴关系，包括建筑、原材料供应、招商等体系，都使万达的扩张有固定的套路，有迹可循。

万达的订单模式中，为了节约谈判时间，不就单个项目的租金水平进行谈判，因此采取了"平均租金"的方式，按照全国城市综合实力水平大致分为三等租金，加快招商谈判速度。

万达对商业地产开发进程的严格控制是它始终能够稳踞龙头的重要原因。18 个月的开发周期保证了企业的高速运转，每一个项目各个阶段的时间都把握得很好。

由于和地方政府的合作建立在彼此需要彼此互惠的基础上，因此合作协议一旦确定，地方政府在征地、拆迁、三通一平、配套基础设施和公共服务方面，也会有强烈的动力与万达集团配合，这是万达速度的一个保障因素。

一旦项目启动，土建、招商、装修等各个链条都要以18个月开业为倒计时，紧锣密鼓地推进工作，各个环节环环相扣，责任细化到每一位员工，而不允许出现半点差池。万达这样军规式的管理，就是要让所有员工都知道，"晚上陪客户喝酒到凌晨3点"绝对不能成为第二天上班迟到的理由。

万达在商业地产领域已具备了五重优势：政府支持、选址优势、规模优势、商户资源优势、商业模式优势，这使得万达的商业地产平台具备了巨大的竞争力。

从建设到招商，每一个环节，万达都以加快速度为原则。项目从拿地开始就已经在做规划方案，所有项目规划都采取产业化生产流程。万达的每个团队对于进场、装修等事宜都有严格的要求：第一，必须在开工前签完所有的主力店（核心客户）合同；第二，在施工图完成前必须签订两个业态的合同——超市和餐饮。

万达的商业管理现在是全球第二，到 2014 年年底将成为全球最大的商业管理企业。万达的做法是成立自己的规划设计院、商业管理公司和自己的开发公司，把上中下游结合在一起，慢慢积累形成一个完整的产业链，完成对传统商业的做法的流程再造。

从拿地到开业，必须在 18 个月的时间内，若实现不了，则要对项目总经理进行问责。在万达迄今为止近百个项目中，只有昆明一个项目没有能够按时交付，结果总经理被开除了。

信奉"富贵险中求"的王健林一直在强调速度，"万达必须再快一点，必须要快。"直到今天，万达的管理团队人人都在"卖命"，为万达开发管理系统的诸战备一年开发了 40 多套 ERP 系统，已经离职的万达百货总经理丁遥曾在一年时间内开了 20 多家百货店。

万达之所以讲究快速，王健林曾总结，那是因为如果项目同期开业，会造成一定的社会影响力，便于项目营销，并赢得广泛的社会支持。在短时间之内，快速聚集人气，培养消费群体，为项目奠定坚实的基础。开业后即可整体投入运营，便于企业交接管理。开业即产出，不但资金回笼的速度会加快，对地方政府官员政绩和城市形象的提升也有着莫大的帮助。

对于万达这种高资产和占据大量现金流的企业来说，速度就是金钱这句话有额外分明的含义。如果进度没赶上计划，对庞大的资金链的影响甚至更为关键。如果土地产权证没有及时办妥，那么项目融资就会受到影响，而进度赶不上计划，那么就不会如期获得销售许可，庞大的资产流动就会降低速度。

在武汉，万达曾创造出一个城市神话，打造出一个"中国第一、世界一流的业内朝拜之地"——武汉中央文化区。其中名为"楚河汉街"的商业步行街，不仅成为武汉市内新的地标，也创造出行业内广为流传的速度神话。

当年万达和武汉市政府约定的交地时间是 2010 年 6 月 30 日，开业时间为 2011 年 9 月 30 日。然而因为种种原因，直到 2011 年元月政府才交地。而令所有人大吃一惊的是，楚河汉街依然在当年的 9 月 30 日如期开业，工程仅耗时 8 个半月，无一天拖延。

中央文化区，占地约 180 万平方米，总建筑面积 340 万平方米，是万达

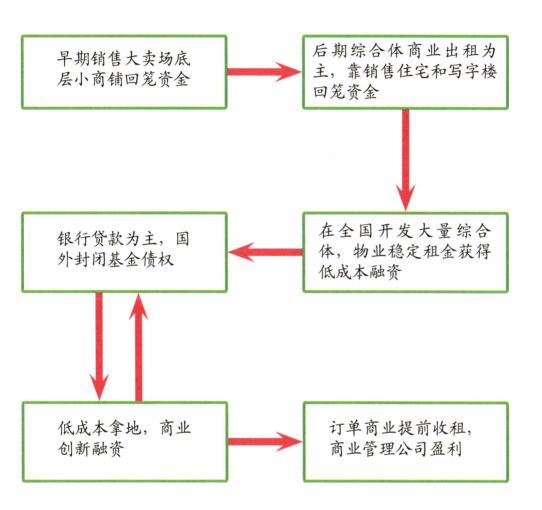

万达的低成本资金来源

集团旅游地产项目之一，也是一个以文化为核心，兼具旅游、商业、商务、居住功能的世界级文化旅游项目。对旅行团来说，如今带团游武汉，楚河汉街已成为必须参观的项目之一。

而对于关注城市发展速度的政府来说，楚河汉街建造时的"万达速度"已经是他们喜欢使用的一张"王牌"。

当然，这种求快压力之下也会埋下某种隐患。武汉万达公馆就因为质量问题被业主投诉，给万达品牌带来负面影响。而自 2009 年启动大量项目以来，万达广场事故频发，其中包括 2010 年 8 月在沈阳致死 11 人的火灾事故、2011 年 8 月在郑州发生的脚手架倒塌事故以及不足半月后的上海宝山在建项目的垮塌事故。

不管如何，伴随着万达特有的商业模式和万达速度，万达集团每年以超过 30% 的速度快速成长。低价拿地，使万达广场能够迅速火爆，强有力的配套又能带动周边住宅销售，形成政府、开发商、万达、商家多方面双赢的局面。万达模式确实给中国房地产开发，尤其商业地产开发带来了中国式榜样！

经过多年的创新和探索，万达集团通过对人口数量、经济发展水平、消费习惯等的综合研究，已经创造了自己的一套商业地产扩张模式。万达有一句著名的口号，那就是"一个万达广场，就是一座城市中心"，这句话反映的是万达集团再造城市中心的实力和能力。万达集团利用自己的优势，可以在全国众多的二三四线城市中选取合适的位置，来快速建立万达广场。目前，万达以每年平均 20 个万达广场的速度在中国广袤的版图上进行着急速扩张。

这不但确保了万达的品牌效应和急速创收，也让万达广场的模式深入每一个城市的消费人群。在各种模式下，万达集团的发展策略深刻地改变着一个城市商业模式的发展。

举一个典型的例子是，在银川这个人口刚刚超过 200 万的二线城市，万达集团投入了三个地产项目，短短三年时间便斥资 75 亿元建设了两座商业综合体，这是万达集团在全国范围内首次如此重视一个非一线城市。

不可否认的是，万达集团之所以注重银川，是因为当地人渴望城市综合体。银川金凤万达广场 2011 年开业仅 4 天就有超过 80 万人次入场购物。2012 年开业仅一年的金凤万达就以高达 8 亿元的营业额，位列全国 70 余座万达广场收入增幅首位。而西夏万达广场开业两天，客流就达到 69 万人次，营业额达 3900 万元。

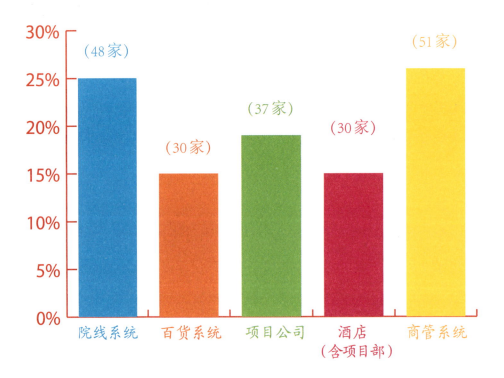

万达实际运营公司分布图

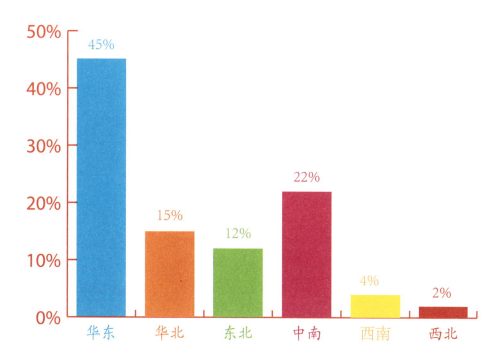

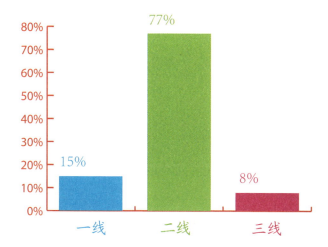

万达 2010 年销售区域

按照商铺面积

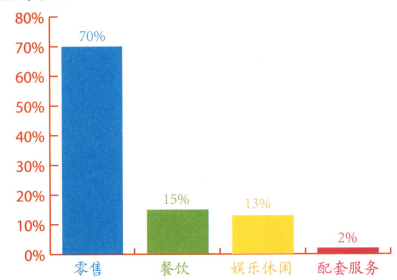

按照商铺数量

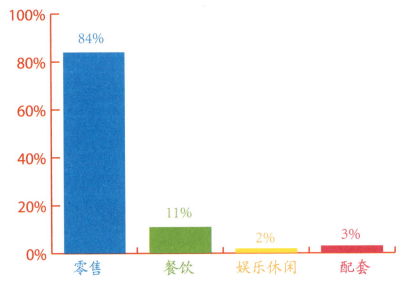

万达广场整体业态比例图

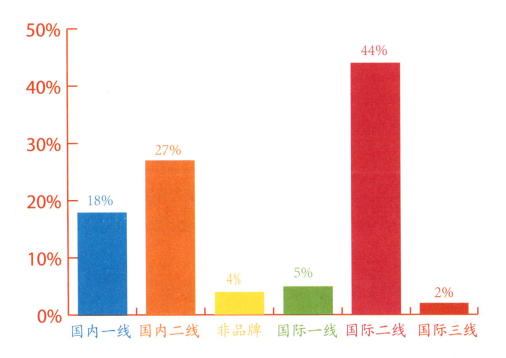

万达广场整体品牌档次分析

2006 年，万达集团首先在银川地区建立了自己的地标首站——万达影城东方红店，这在当年成为轰动一时的事儿，也因此让越来越多的人重新走进了电影院。这也是万达近几年来进驻一个城市的通常扩张打法，先通过一座电影院或商场进驻该地，让万达的品牌逐渐深入人心，然后再逐渐进驻万达广场乃至城市综合体。

其实，许多人在彼时就已经注意到，当年的东方红广场在万达影城入驻后，已经初步具备了城市综合体的模型。

按照"万达模式"对城市综合体的解析，它涵盖商业、商务、居住等多种功能，可一站式提供购物、餐饮、健身、休闲、娱乐、办公等服务。

果然，5 年后，金凤万达广场出现了。吃、喝、玩、游、娱、购，人们休闲娱乐的所有要素都具备了，酒店式公寓、商务写字楼，工作的事情也解决了。

2012 年营业额 8 亿元、2013 年 11 亿元、2014 年预计营业额 13 亿元，每年超过 2 亿元的营业额增长量使得金凤万达在全国 70 余座万达广场中脱颖而出。

银川当地的商家曾经试图抑制万达广场进入当地市场。2011 年 9 月初，在金凤万达开业之前，新华百货、国芳百货等商家联手对万达进行打压，通过大幅度的商品打折试图透支银川人的购买力，他们到处打广告，并推出了类似今天淘宝"双 11"的"零点抢购"活动，并希望借此来让银川人自己掏空腰包。按照他们的设想是，当地人在自己这里花光了钱，就没有消费能力再去光顾新开张的万达广场，"首战不利"将让万达在当地的声誉和品牌影响力大打折扣。但本地商家的各种尝试依然没有影响到金凤万达开业的火爆，开业一周，万千百货便入账千万元。

从一个简单的数字就能说明问题。万达影城金凤店 2013 年观影人次 89 万，2014 年上半年 44.91 万。虽然具体票房被当作"商业机密"，工作人员未透露，但按照平均每人次消费 40 元计算，金凤万达影城一年的票房收入就接近 3600 万元。金凤万达影城能占据银川 8000 多万电影票房的近一半。2014 年春节期间，到金凤万达影城看电影，排队都排到了电梯口。即便如此，人们还是愿意等待，理由也很简单：逛万达、吃饭、看电影，真正的一站式。

而到了 2014 年，另一个万达城市综合体，银川西夏万达广场正式开业，这也意味着万达在当地的扩张已经具备规模。更多知名品牌登陆银川。

另外，在金凤万达购房的业主有 10% 是外地人，西夏万达也有不少外地人投资置业。这对于银川来说，区域中心城市的价值更加凸显。从最初的消费圈子到万达城市综合体的火爆，银川的商业格局正逐渐从单一变得可以选择。

王健林通过对商业地产的复制，确实也将万达广场的触角伸向了中国大陆的各个区域，并在那里不断生根发芽，开枝散叶。与其说这是王健林的保守式扩张，还不如看成是他对万达模式的一种自信，只要是有万达的牌子，无论到了哪里，都一样会吸引大量的消费人群。

按照万达集团的规划，2014 年年底，武汉项目将全面营业，青岛东方影都、云南西双版纳、南昌国际旅游度假区等项目也将在未来两三年陆续开业。然而，2020 年以后出售物业收入占比降至 50% 以下的目标能否实现，以及项目的运营管理能力，这些都还有待时间来证明。

除了在全国各地通过复制万达模式来进行扩张，万达在品牌推介和市场营销方面还善于制造热点事件来借势传播。

2012 年 6 月 3 日，福州仓山万达广场国际 5A 甲级写字楼全球启幕仪式在福州金融街万达威斯汀酒店举行，由央视主持人张泽群主持盛典，性感主播柳岩现场助阵；6 月 10 日，秦淮、宋鸿兵、陈宏伟、陈亮、刘福泉等重量级专家学者齐聚福州香格里拉酒店，"对话万达中心·执掌资本核心"论坛拉开帷幕；6 月 14 日，福州仓山万达广场国际 5A 级写字楼盛大开盘，300 套房源在两个小时之内哄抢一空。"密集轰炸式宣传，专业高端的论坛，简洁快速地推盘，贴近市场的价格体系"，一位业内人士对万达的营销模式做出如上概括。

如果说福州万达广场的开业盛景是万达惯用的模式，那么万达集团在青岛东方影都的启动仪式，则是王健林真正向外界显示实力的经典策划。

2013 年 9 月 22 日上午，东方影都影视产业园在山东青岛举行的启动活动仪式上，所有人都被在场的嘉宾阵容惊呆了，不仅有像梁朝伟、甄子丹、章子怡、李连杰以及赵薇等实力派一线明星，还有诸如妮可·基德曼、莱昂纳多·迪卡普里奥、约翰·特拉沃尔塔、凯特·贝尔赛金以及克里斯托弗·瓦尔兹等当红的好莱坞巨星走在红毯上。据悉，莱昂纳多在电影节期间仅仅接受一个 5 分钟的专访就收了媒体 1.5 万美元的赞助费。所以人们以为这次启动仪式的"盛会"注定将烧掉王健林巨额的真金白银。不过据王健林后来说，万达本身有制片公司，也有电影院线，在行业里讲是一种资源吧，再加上我们又做产业园区，这个项目是我们跟奥斯卡合作，因为奥斯卡主席、副主席、CEO 这些人都来，再加上我们又请了很多大电影公司的老板们，所以大家都给面子，请这些明星的价钱不高，很多人基本都是友情出席。

事实上，万达巧妙地利用其在文化领域产业链的资源，包括影视制作公司，AMC 院线和万达院线等来撬动明星资源，同时带动国内媒体宣传造势，加上青岛地方政府的支持，为青岛东方影都做了一次极其漂亮的市场营销活动。

以商业地产为依托，在影视、旅游文化、星级酒店等领域全面扩张，万达逐渐成为商业地产领域的王者。

正是因为对商业地产的这些探索，王健林在 2012 年再度荣获 CCTV 中国经济年度人物。美国知名刊物《外交政策》杂志在评选 2013 年在政治、经济等领域的百名思想家中，王健林榜上有名。

第六章
走向世界的"万达帝国"

随着产品不断升级、产业链不断延伸，万达的格局和视野早已不同于往日。在想象力的不断驱使下，野心越来越大的王健林已将眼光放在海外，那里才是他真正的竞技场。

第一节　多元发展：从"商业帝国"到"文化帝国"

王健林一直希望万达成为世界级的企业，成为世界 500 强企业，他要把万达打造成在世界上叫得响的一个品牌，为中国企业争光。朴素的国家情怀和商业野心在王健林身上奇妙地交织在一起。

王健林曾经在回答媒体提问时如此回答：我是带有责任感的。你看东方影都建设，我说这个项目是承载着建立中国文化世界品牌的重任和万达梦的一个项目。所以，我做文化产业也是有这个目标，就是做成中国文化世界品牌，而且在相当一些方面建立世界性的中国文化符号，所以不简简单单是为了万达自己的名声或者为了自己转型，我还确实有一点社会责任感。

业态走势：住宅——足球——商业地产——院线——影视基地——文化旅游

管理：重心继续上移，开始研究文化对人力资源的影响

战略：开始崇尚"低价并购战略"

相关历史：足球曾帮助其走出大连；军人作风极大地影响万达

当前愿景：国际万达，百年企业

产品：派专门机构专员长期驻海外考察，正在研发第四代产品

全维度下的万达最新概要

当然商业逻辑是更基本的动力。他曾表示："将来做到 1000 亿、2000 亿美元收入，万达不可能还是一个区域、一个国家的公司。"

早在 2011 年 12 月 18 日，万达集团就与西班牙马德里竞技、瓦伦西亚、比利亚雷亚尔 3 家俱乐部签订了一期投入约 2 亿元的"中国足球希望之星"青少年海外培训计划，刚卸任万达企业文化部总经理的石雪清将专职负责相关事宜。这个举动似乎给外界提供了一个信号。外界猜测，或许西班牙将成为万达海外扩张的首个目的地。

实际上，早在 2012 年全国两会期间的新闻发布会上，王健林就万达文化产业发展做相关信息发布，透露了万达即将开展的海外扩张计划。而当年 4 月份在清华大学做演讲的时候，他的态度则更加明确，"未来一年内，万达主要集中于跨国运作，将会有震惊世界的并购发生。"

2012 年年初，一张银企战略合作协议，将大连万达集团的海外扩张计划再次引向台前。彼时，万达集团与中国进出口银行在北京签订战略合作协议，后者将为万达集团的文化、旅游产业及跨国并购业务提供支持。兵马未动，粮草先行，借助于中国进出口银行的资金支持、技术支持和走向世界的经验，万达集团的海外扩张计划终于万事俱备，只等王健林布局落子。

2012 年 9 月的一天，万达集团正式宣布，其和全球排名第二的美国 AMC 影院公司签署并购协议，动用 26 亿美元收购后者全部股权。王健林终于兑现了他的诺言——"要用一桩跨国并购震惊世界"。至此，万达集团同时拥有全球排名第二的 AMC 院线和亚洲排名第一的万达院线，成为全球规模最大的电影院线运营商。

这次收购，万达充分运用了融资杠杆，实际出资只有 7 亿美元，花旗银行、中国进出口银行都为其提供了低息贷款。

为什么万达跨海要从院线开始？为什么是AMC？王健林曾给出的解释是，因为在全国各地都已经初具规模的万达广场一般都需要配置一间电影院，最初万达跟美国华纳院线合作，但由于两方面原因，双方没能合作下去。一是中美 WTO 谈判规定外资不能控股中国影院，华纳不愿做小股东；二是华纳对中国电影市场做出了误判，眼光不够长远，当时全中国票房只有一亿多美元，他们觉得投资赚不到钱。

和华纳分手后，万达也曾将眼光放回中国本土，在当时各地做影院的都是国有的广电集团，万达先后和上海、江苏、广东、北京等地的广电集团洽谈合作，万达做业主，广电经营。但因为这些广电集团都属官办且缺少赚钱的动力，最终没有谈拢。

在这期间还发生了一个小故事，当时上海广电集团的总裁很意外地具有创新思想，他觉得这是一笔好生意，便和万达签了协议，也交了保证金。但在协议签订半年后，上海广电集团换了新的总裁，新总裁完全反对这个协议，坚决不履行。被逼无奈，万达只得自力更生。而中国电影也恰恰是从 2005 年开始腾飞的，站在了风口上。王健林感叹道，如果中国电影市场今后每年以 25% 的速度递增，2018 年将超过北美市场。

收购 AMC 之后，万达一时间引起了社会关注，而国内企业收购全球企业的海外之举这一敏感话题再次引发了一场争议。

争议的焦点是王健林此举恐怕又是一起"美国人欠账、中国人买单的行为"，因为早在几年前，联想的掌门人柳传志就曾做出过类似的举动，收购 IBM 公司的 PC 部，舆论对联想的收购评论不一。数年后王健林大手笔并购美国 AMC 院线，是否能真正实现资源整合？会不会消化不良？

对此，王健林的态度是，对中国企业来说，要想实现真正的跨国并购，交一定的学费是理所应当的，但对于 AMC 收购个案来说，完全符合万达集团大力发展文化产业的逻辑，是一个可以经受检验的战略选择。

万达希望借助 AMC 这一渠道打开美国市场。王健林表示，"中国影片一定会走向世界，这是不可逆转的大趋势，进入美国市场是早晚的事，但中国影片很快、大量进入美国市场不现实，需要一个过程。其次，万达集团并购 AMC 后，进不进中国影片、进什么影片、进多少影片，由 AMC 管理层根据美国行业规则、市场需求自行决定，万达集团不干涉"。

通过此次跨国收购，万达将拥有全球 428 家影院，控制 5758 块屏幕，从而成为全球最大的电影院线运营商，王健林的野心还不仅仅止于此，他说，今后万达会根据企业战略和市场机会进一步开展跨国发展。除 AMC 外，万达还在寻求对欧美等国其他大型院线的并购，万达集团的目标是到 2020 年，占据全球电影市场约 20% 的市场份额。

同时，针对如何管理海外并购，以及企业如何在海外的不同地区都能获得成功，王健林也有自己独到的看法。

王健林曾表示，据他观察，但凡是在中国取得成功的外资企业，往往都只安排少数核心高管来华，其他大量高管都是从中国本土人士中挑选。而那些几乎清一色海外高管的企业，在华则无一成功。

"我们在收购美国 AMC 院线时，也曾考虑是否安排中国高管去参与管理，"王健林说，"但一家企业究竟经营得好不好，你要做分析，不是看产品，而是看人。AMC 里面有很多哈佛、沃顿商学院的人，难道我们万达在这点上比他们更杰出？并不是。AMC 曾有 20% 的基金投资，当初是没有主人的一家公司，此前大家都不努力，所以导致亏损。现在，万达收购了过来，我们只派了一个联络员。而我们对 AMC 也有新的政策：如果业绩增长 10% 就做管理层分红。"

王健林认为，另一个关键点在于，作为外企要尊重当地消费者。

2013 年 6 月的一天，王健林受邀参加《财富》全球论坛活动之一——"全球商业转移"时，曾用自己收购 AMC 的案例来表达观点，"不要像《钢铁侠》电影中的双重标准那样，到当地市场去叫当地人打酱油，不要到美国一个标准，印度一个标准，到中国一个标准。"

在好莱坞大片《钢铁侠》中，两个中国演员李冰冰和王学圻参与其中。但是两位演员在整部电影的大部分戏份中都属于"打酱油"的角色，只有在结尾处出现了一段两人的对手戏。尽管电影制片方曾用"放入两个演员已属不易"来回应外界质疑，但这样的托词显然得不到对娱乐产业兴致正旺的王健林的肯定。

"《钢铁侠》恰恰是犯了不尊重中国市场、不尊重中国消费者的错误。"他说，有些美国企业想赚中国的钱，于是挑两个中国演员进去"打酱油"，更愚蠢的是片子到了北美地区就把这段切掉；如果美国电影公司是这种心态，只想在中国捞钱，又不尊重这个市场、不尊重消费者，这些投机取巧的企业在中国是注定要失败的。

"再比如，一辆汽车，本来就是同一个品牌、同一个车型，用不同的标准来执行是很愚蠢的。"王健林表示，商人追求利益最大化，但也要尊重市场，"据我所知，一些日本车企一直在中国使用双重标准。"

他认为，美国、印度以及欧洲都要使用一个标准，不要使用不同的标准，"这种事情我们见得多了：卖汽车的（出了事），消费者在当地可以索赔，中国消费者则不能索赔。这就是不尊重市场的表现。不管什么行业，一定要把当地市场、当地消费者看成所在国市场一样尊重，这才能获得成功。"

万达在收购海外院线的同时，其在文化产业领域投资的华夏时报也曾悄悄展开另外一项业务尝试：成为美国电影广告的中国代理。

2013 年，华夏时报获得了美国最大的电影广告公司 NCM 中国客户的独家代理授权。NCM 在当时经营着北美排名前三的院线近 1600 家，共计 19000 多块银幕资源。此举意味着越来越多的中国广告主可以通过万达进入北美电影广告市场。这是 2012 年万达集团全资收购 AMC 院线之后万达旗下媒体公司的又一重要突破。

早在万达洽购 AMC 时，华夏时报就与 AMC 就中国客户的代理权问题开始接触，但是由于北美市场与中国内地市场不同，他们无法与 AMC 就此事进行合作，之后只得转向 AMC 广告代理商 NCM。

华夏时报于 2011 年 6 月独家代理万达影院映前广告业务，正式进入电影广告领域。经过近两年的转型，华夏时报在平面媒体经营的基础上，整合电影、户外大屏、广场展览展示等媒体资源，实现了多元化经营布局。

华夏时报总编辑水皮曾介绍说，近两年华夏时报通过代理万达影院映前广告营收 1.5 亿元。

而 NCM 是美国最大的影院广告媒体公司，独家代理运营美国 AMC、Regal Cinema 和 Cine Mark 前三大院线的电影广告业务，年均广告总销售额可达四亿美金，占据三分之二的市场份额。万达为 AMC 的投资者，这一点显然为华夏时报与 NCM 达成合作产生了至关重要的影响。

通过合作，华夏时报获得了 NCM 院线资源的广告投放权益和最优惠价格，全权负责在中国的招商权益，并与中国客户直接签署相关广告投放协议，NCM 也将在技术、营销、客服等方面对华夏时报相关人员提供免费培训。

但是即便如此，不可否认的是，在王健林的文化帝国计划中，这个营收注定不会是很大的电影广告代理业务，而只是其海外扩张版图中一个很微小的坐标点。

第二节　志存高远：万达实施全球扩张计划

从万达官方公布的时间轴上可以看到，此后，万达的战绩还包括2013年并购英国圣汐（Sunseeker）游艇公司、成立英国房地产开发公司，2014年初宣布投资20亿至30亿英镑在英国开展城市改造项目以及以2.65亿欧元收购西班牙马德里的地标建筑西班牙大厦等。

有人猜测万达收购圣汐游艇缘于王健林个人的兴趣，他本人曾购买了圣汐"战舰108"型游艇，价值近8000万人民币。这好似电影《盗梦空间》中"把航空公司买下来"的桥段。当然，收购圣汐并不是因为王健林的爱屋及乌，而是万达意欲为国内旅游板块添枝加叶。

英国圣汐游艇公司创立于1968年，是世界顶级奢华游艇品牌和英国皇室专用游艇品牌，年销售额约5亿美元，拥有员工超过2500人。王健林相信，游艇等高端奢侈品一定会成为富豪们的消费趋势。按照王健林的规划，万达在大连、青岛、三亚三座海滨城市各有一座游艇俱乐部，每个俱乐部的泊位约为300个。泊位的目的主要是吸引更多的游艇前来停靠，不过，每个俱乐部本身至少也要有10艘游艇。经过分析后，万达方面认为，买30艘游艇并不比收购公司划算多少，于是便从一家基

王健林购买英国圣汐游艇

金手中接过了圣汐。

与 AMC 不同的是，圣汐公司之前尚在盈利。其年收入约为 3 亿英镑。据王健林介绍，收购后，圣汐每年仍能创造 3000 多万英镑的利润，而且订单稳定，"圣汐现在基本上在满负荷生产"。

在国际扩张过程中，王健林不但在管理方式上甚少干涉，而且还充分利用原有管理层，激发他们的积极性。成功收购圣汐后，万达甚至没向圣汐公司派驻一个员工，王健林说，"我们现在进去（收购），无非就是有一个新的主人，给予适当的政策，我们相信他们会干得更好。"

王健林曾对外宣传，万达的海外并购一般会遵循三个原则：首先，选择在经济发达、市场成熟的国家进行投资、并购，其次，"并购为主，投资为辅"，再次，所有并购必须跟万达集团业务相关，围绕文化、旅游、零售三个产业进行。

王健林充分意识到国际扩张过程中潜在的风险，因此与国内万达扩张过程中以快取胜的思路不同，王健林并不着急，"一年投资一到两项海外项目，我觉得已经够了，我不喜欢太快。"。

但实际上，万达的国际扩张步伐不断加快。

2013 年 6 月，正值俄罗斯总统普京访华期间，万达董事长王健林在北京签署了一份在俄罗斯投资高达 25 亿～ 30 亿美元（合人民币 160 亿～ 190 亿元）的意向协议书。万达将联合中国泛海控股集团（以下简称"泛海"）计划在莫斯科、圣彼得堡、北高加索或俄罗斯其他地区建设大型文化、旅游和商业的综合设施。

根据王健林的规划，他希望到 2020 年，万达集团的收入中 20% 的业务来自国外。这个版图中，高级酒店一向被认为是万达五大核心产业的支点之一，根据既有规划，到 2015 年，万达开业的五星级自有品牌酒店将超过 60 家。高端酒店也是万达国际化扩张的一个主角。

目前万达集团在伦敦、芝加哥、西班牙和洛杉矶的酒店发展业务都已经列入了日程。王健林认为，随着更多中国人开始出境游，因为文化和饮食等方面的亲近感，中国人将更愿意住像万达这样的中国人管理的酒店。

万达在伦敦投资建设的地产项目，位于伦敦西部旺斯沃斯区黄金地段，紧临泰晤士河，项目投资 7 亿英镑，建筑面积 10.5 万平方米，其中有一个超五星酒店，160 间客房，2 万平方米面积。此外该项目还包括一部分对外销售的豪华公寓，约 6.3 万平方米，由两栋 200 米高的塔楼组成。伦敦万达酒店是中国企业首次在海外投资建设的高端酒店，标志着万达品牌酒店迈出全球布局的第一步。

在万达宣布伦敦项目之后，国有房地产开发商绿地控股集团有限公司从开发商 Minerva 手中，购入伦敦西南部的一处具有历史意义的啤酒厂地块。绿地表示，将投资 12 亿英镑在伦敦开发两个房地产项目，这是该公司首次进军英国。

跟随着这股潮流，越来越多的中国开发商准备在伦敦开展项目，以至有英国媒体惊呼，中国资本正在买下伦敦。

而在国际化扩张中引领风气之先的万达集团，在海外的购物清单不断扩张。

2014 年 6 月，万达斥资 2.65 亿欧元收购西班牙马德里一宗酒店项目；

2014 年 7 月，万达宣布将投资 9 亿美元在美国芝加哥建设一座高 350 米、地上 89 层的五星级酒店及公寓。8 月，万达集团宣布中标洛杉矶比佛利山市威尔谢尔大道 9900 号项目地块，将投资 12 亿美元，建设综合性地标项目。至此，万达海外投资规模已资累计超 700 亿元。这也意味着，2014 年，万达开始加快对海外酒店业的投资和资本扩张。王健林称，一年内万达还将在纽约、旧金山等美国主要城市进行五星级酒店投资。

如果说万达收购游艇业务既是为了多元化发展，也是为了旅游板块产业链的延伸，那么在万达开始建大型旅游度假区时，王健林发现，类似的项目能否成功，关键就在于万达是否具备在全球范围内调动资源的能力。在国内，万达和数千个品牌都保持着战略合作关系，即便新开业的万达广场所在的区域还未成熟，仅凭万达自持的商业部分就足以保证满租开业。但国际酒店品牌、大型演艺公司等自有其商业逻辑，如何整合这些资源将是更大的挑战。

在易迅地产研究院广州分院院长林赫仁看来，像伦敦、芝加哥和西班牙马德里这些城市，他们的地标性建筑是中国企业非常热衷的。"就像是到了迪拜一定要去帆船酒店一样，这些中国企业投资的建筑也希望在当地能够成为吸引世界性游客和企业关注的焦点。所以，大手笔的投资希望得到的回报不仅仅是利益上的，还有世界影响力。"

"目前万达践行了这三个原则，经过近两年的海外投资，万达也逐渐度过了'试水'期，海外投资的项目和规模也逐渐成熟。"林赫仁说。

除了大手笔的海外收购，王健林还必须在本土战场和海外文化品牌竞争。其中最典型的案例莫过于无锡万达城和上海迪士尼的竞争。

迪士尼建造一座座"欢乐之城"，其开发面积通常在1平方公里以上。与迪士尼的"玩乐城"不同的是，"万达城"以购物、旅游、观光为主题，深植于当地城市的文化。因此，每一座"万达城"都有着独特的文化DNA，与当地的城市融为一体，具有不可复制性。

经过一段时间铺天盖地的舆论发酵，无锡万达城与上海迪士尼成为2014年年初最常被同时提及的两个关联词。

在王健林的文化版图中，长三角是战略重镇，必须要布点。之前，王健林带队考察过宁波、南京、无锡等地，最后决定选择无锡，这个地点在杭州、南京、上海等边三角形的中心位置。

无锡的万达文化旅游城位于无锡滨湖区，占地面积 202 公顷，建筑面积 340 万平方米，其中文化旅游项目投资 210 亿元，包括文化、旅游、商业、酒店四大板块，由万达城、大型舞台秀、大型室外主题乐园、度假酒店群等组成。

用王健林的话说，这个项目，投入精力最大，思考时间最长，创新也最多。比如，水上乐园大家都有，但万达城要建的是第四代水上乐园，有很多设备是专门定制的。"这个项目，我们花了很长时间调研，跨国团队进行设计，寻找无锡当地的文化故事和互动产品。"王健林曾在接受媒体采访时称，自己曾多次前往无锡考察，设计团队也前后来了若干次，光舞台秀如何体现无锡当地文化特色这个课题就用了半年多时间。

如何让映入眼帘的全是当地的文化气息，而不仅仅是中国文化，这是研发团队一直思考的问题。无锡室外主题公园目前设计六个园区，全部是无锡当地故事，诸如紫砂文化等。

在中国做什么样的文化产业，王健林认为这是一个需要认真研究和特别挖掘的课题。比如武汉汉秀项目，万达要求所有特种设备都是万达自主研发，开演时必须保证 95% 的演员是中国演员。而对于这些文化产业项目，万达都拥有知识产权。有了这些知识产权，在未来的竞争中可以有效隔离追赶者。

这也意味着，中国传统的文化源流和无锡的地方文化特色，都是王健林希望通过无锡万达城来向社会表达的要素，这其中筛选出了神话故事、当地文化和传统工艺等关键词。

面对霸气十足的上海迪士尼，王健林底气十足，"就算迪士尼收入很高，规模很大，但是万达城在中国十个、八个联合起来力量比它大。"随着内地旅游人数的增加，本土文化旅游项目的吸引力完全不逊色，甚至更接地气。发源于深圳的欢乐谷这些年来的业绩增长就十分惊人。

王健林的说法并非毫无依据，根据此前媒体报道的数据显示，以香港迪士尼乐园为例，2008 至 2010 年度，香港迪士尼乐园累计亏损达 36.1 亿港元。数据显示，2012 年香港迪士尼终于在开业第七年首度盈利，原因是内地游客数量飙升。

旅游人次方面，香港迪士尼最好的成绩是 2013 年的 740 万人次，这也依旧被归功于内地游客的增加。深度参与上海迪士尼建设的专家们指出，如果一切顺利，按照计划，迪士尼落沪营业 3 年后，年吸引的游客可能达到 1000 万。而无锡万达城预计年接待游客 2000 万人次以上，超出上海迪士尼 1 倍，因地域、交通等方面都与上海迪士尼乐园并无悬殊，万达城的功课就落在了对国内客群的吸引力上。

归根结底，其实剩下的就是品牌影响力的问题了。在美国品牌开始注重中国影响力，中国宫斗剧也能漂洋过海风靡美国的时代背景之下，万达和迪士尼的 PK 更像是一次中国企业在世界品牌丛林里的突围之战，概括起来可以说是大国背景下企业、文化、品牌的话语权之战，还有不确定环境中的企业家精神。

"随着中国房地产规模化开发的结束，旅游加地产模式肯定长不了，我估计就是十年八年还能玩这一套，但十年八年文化旅游布局也形成了。"王健林说，在他看来，无锡万达城建立在本土之上。

"中国文化上下五千年，文化内在活力不言而喻，万达希望通过中国消费者对品牌口味的大起底，来让一些具有中国特色的文化和价值观重新激活，并在适当的时候走向海外。"在这方面，王健林似乎并不惮于做勇敢的推手。无锡万达文化旅游城项目是否真的能在游客数量和收入方面超越迪士尼？这依旧是个未知命题，但王健林的商业雄心无疑让对手敬畏。

这点，从曾经贴身采访王健林的美国《财富》杂志记者大卫·惠特福德（David Whitford）的报道里可以得到印证。"我钦佩他充沛的精力和野心。"《财富》记者惠特福德曾这样评价王健林，他正致力于使万达集团成为跨国企业。"很明显，对于万达集团来说，王就是整个宇宙的核心。对这一点没有人怀疑。"

王健林的精力充沛，他从来不知道疲倦，甚至几乎不会休息，每天非常专注着忙碌自己的工作。当年轻力壮的美国记者感觉累的时候，采访对象还在精力充沛地讲述对公司的展望与未来。

"他是一个极富野心的人，如果没有野心的话，他无法走到今天这一步。"惠特福德说，他被王健林的野心折服。

第七章
"是钱权交易还是慈善公益？"

第一节 感恩社会："让慈善成为企业文化"

通过商业地产、文化产业长期经营获得巨额财富的王健林有另一张面孔——他是一个慷慨的慈善家。

在王健林领导下的万达集团一向注重宣传自己对于慈善和公益的贡献，在万达的官网上，公司和董事长个人在慈善界领取的大小奖项被归为"企业荣誉"的类目下，并被显著标识。

2014 年 8 月 3 日，云南省昭通市鲁甸县发生 6.5 级地震，万达集团立即召开紧急会议，决定通过中华慈善总会向鲁甸县民政局捐款 1000 万元，帮助灾区抗震救灾。面对灾难，万达集团已经多次挺身而出，2008年的汶川大地震中，万达第一时间捐款500万元，之后不断追加，最后的捐款总额达到了3.59亿元；2010年，万达向西南大旱地区捐款4000万元；2010年，万达又向玉树地震灾区捐款1亿元。26年来，万达集团奉献于社会慈善事业的现金累计超过35亿元，是中国民营企业中慈善捐赠额最大的企业。

万达集团七次获得中华慈善奖——这是一个民政部颁发的奖项，万达是获得该奖项最多的民营企业。王健林在公益和慈善领域的贡献，也让他获得了很多社会性荣誉。王健林本人担任着中华慈善总会的荣誉会长，曾获得中共中央、国务院、中央军委颁发的"全国抗震救灾模范"称号，国务院颁发的"全国扶残助残先进个人"称号。

第二节 遭遇尴尬："十亿捐款说不定有投桃报李之嫌"

顶着首富光环的王健林的一举一动，自然会引来更多的关注，以致引发舆论风波。王健林最受关注的"慈善之举"却让他颇为尴尬和头疼，并且为王本人和万达集团招来了指责。

少见地露出微笑的王健林

2011 年，王健林向南京市人民政府捐款 10 亿元人民币，用于南京金陵大报恩寺的重建项目。根据中共南京市委机关报《南京日报》的表述，"这是迄今为止中华慈善史上最大数额的单笔个人捐款"。据报道，当年年底前，10 亿元将一次性汇入中华慈善总会，再以三次拨付的形式交给南京市政府。

当时的王健林还只是地产界的首富，10 亿元捐款事件的曝出，让这个资本帝国的掌舵人和困扰了南京市近 10 年的开发项目被推上前台。

人们普遍质疑，这不是一次慈善行为，而王健林的动机，除了捐建恢复古建筑，与商业也脱不开关系。

2001 年，在南京举办的世界华商大会上，金陵大报恩寺重建项目第一次亮相，成为南京市重点招商项目。在此之后，这个项目年年出现在南京市重大项目洽谈会上，但由于建设资金难到位，项目始终没有落实。

根据《中国慈善家》记者查证的南京市政府公开资料，为重建大报恩寺，2007 年，南京市成立了由南京市国资集团、秦淮区政府、红花——机场地区开发建设指挥部和晨光集团共同出资设立的"南京大明文化实业有限公司"。不久，晨光集团在股东名单中消失，南京市国资集团出资6000 万元，占股 60%，和秦淮区政府、红花——机场共同承担金陵大报恩寺项目的建设、运作。南京市希望按照"政府主导、社会捐赠、信众参与"的原则，多方筹集资金，希望使"融文化、历史、宗教、旅游、商业等诸多因素于一身的大报恩寺重建项目成为南京人文绿都建设的新地标"。

从成立开始，"南京大明文化实业有限公司"的股东即在不停地变。股东名单中，除了晨光集团消失，还增加了南京市文化集团、中冶集团等单位。但财政支持和国企投资共同开发的性质却没有变。有报道称，"政府出大头"一直是重建工作留给外界的直观印象。

伴随其间的招商、引资是重建大报恩寺的关键词，这个项目从一开始就萦绕着商业气息。2008 年，南京市政府发布的《金陵大报恩寺重建项目招商书》（简称《招商书》）详细介绍了该项目给予投资商的回报："一期项目在商铺自营的条件下总投资 8.7 亿元；在商铺用地转让的条件下总投资 7.7 亿元。二期项目及配套用地工程建设成本约 2.5 亿元，拆迁费用合计 7.5 亿元。拟建建筑物面积合计 6.5 万平方米，销售收入约 14亿元，毛利润约 4 亿元。"

除了包含地上、地下商业的 3.2 万平方米庙市，招商项目还包括占地超过 4 万平方米的"配套地块"，预计规划建筑面积 6 万平方米，以综合性商业为主。

《招商书》中还对合作方式作了解释："邀请实力雄厚的企事业法人、个人参股或控股南京大明文化公司……与南京市国资集团、秦淮区政府、红花机场指挥部共襄人间盛举，再造九级浮屠"。

签约 3 天后，人民网就刊登评论提出质疑："以捐赠资金重建的大报恩寺还算不算'文化产业'？将来游客来此参观游览，有关部门是否售票收钱？"有网友称："靠善款新建的这么一大片地方，商家林立，恐怕还是会商业化运营的吧？大明公司是南京市政府设立的一家国有商业公司，收益算什么呢？"

抛却万达可能从中获取的便利，这究竟是不是一种慈善行为也是争议的焦点。

根据国内首部地方性慈善法规《江苏省慈善事业促进条例》，"慈善活动，是指公民、法人和其他组织以捐赠财产或者提供服务等方式，自愿、无偿开展的扶老、助残、救孤、济困、赈灾等活动。"在《慈善法》缺失的背景下，这部江苏地方法律被认为对捐助行为最有解释权。而在法规里，"慈善活动"并没有包括捐助"佛教场所"。

不过，在政府的视野中，重建大报恩寺从来就不是单纯的恢复宗教场所的项目。在 2011 年 11 月 18 日的签约仪式上，时任江苏省委常委、南京市委书记朱善璐，市长季建业，中华慈善总会常务副会长李本公，市宣传部长等政府要员都列席签约仪式。市长向王健林颁发了捐赠证书。2013 年 10 月 17 日，中央纪委监察部官方网站发布消息，季建业因为涉嫌严重违纪违法，目前正在接受组织调查。

《人民日报》旗下的人民网则直言不讳地质疑捐款的性质，"王健林的 10 亿元捐款，说不定有钱权交易之嫌。一方面，《中华人民共和国公益事业捐赠法》规定，企业只有在发生重大自然灾害时才可以给政府捐款。""用于重建古迹给政府捐款没有法律支持……大家都知道王健林是大地产商，在报恩寺上的 10 亿元捐款，谁敢说就换不来南京市政府的'投桃报李'呢？"

万达集团对此的解释是"如果把大报恩寺简简单单地理解为一个寺庙，就太狭隘了，它不只是一座寺庙，更是国之瑰宝，中华传统文化的象征。"并且承诺，"万达集团不会在重建工地上动一锹土"。"王健林先生个人的捐赠不带有任何附加条件"。

但注资政府主导的项目，还是让万达的这次"慈善"遭遇了不小的尴尬。

虽然经历了这些风波，但从发家之初就没停止过捐助的王健林对自己的慈善事业还是充满信心。他获取信心的来源，更多在于他所体察到的环境变化。"党和政府的慈善观念的变化。以前官方是从来不对慈善有什么说法的，现在认为是很重要的事情。每年国家来颁布中华慈善奖，连颁八届，有两届是胡主席出席的，国家的一把手出席慈善颁奖，这是极少见的。"

王健林也在积极推动慈善领域的理念和制度创新。2013 年，王健林推出"万达集团大学生创业计划"慈善项目。为了该项目，王健林每年捐赠5000 万元，支持 100 位大学生创业，每人提供 50 万元资金。该项目将持续十年，最终投入 5 亿元善款，支持 1000 名大学生创业。

这位首富曾提出将"捐出个人 90% 的万达商业地产股份，创建慈善基金"。

万达集团上市后，王本人持有的万达集团股权收益计划将全部用于王健林慈善基金。目前这一计划已开始实施，王健林表示，今年会向民政部申报筹建基金会，并拿到执照，王健林基金会将是一家资金规模巨大的基金会，王健林为秘书长一职开出了超出国内慈善行业心理预期的薪酬，他希望用丰厚的薪酬吸引优秀的专注于慈善的人才。它的秘书长人选既需要跨国视野，又熟谙国内慈善行业和项目运作。

跟曹德旺、陈发树、牛根生等人相比，王健林在公司上市前即为慈善做出制度铺垫，在慈善理念上领先了一步。连续 3 次获得全国慈善总会的"中华慈善奖"的王健林，很可能会开辟出新的慈善路径。等到万达商业上市时，颇显神秘的王健林慈善基金，也将会以全貌公之于众。

王健林曾希望人们叫他"真正的社会企业家"。

第八章
万达敢说不行贿？

第一节　政商法则：亲近政府　远离政治

企业家如何在商业冒险中处理与政府、官员的关系，始终是人们关注的焦点，这在王健林身上也不例外。

《财富》记者惠特福德说："初次来到中国，我想知道的是王健林究竟是否有向政府行贿的行为。"这样的追问，王健林曾遭遇多次。

2012年9月8日，王健林出现在哈佛大学的演讲台上。当天，哈佛听众并没有因为他取得的非凡成就而手下留情。来自肯尼迪中国学院的学生刘晓彪很快向这位中国地产商发起了攻击。

"收购一家负债累累又处于夕阳行业的电影院线是否会对您的经营带来风险？您如何看待这种风险？您在经营过程中跟政府有很多关系，这种关系会给您带来怎样的风险和挑战？比如，前不久有人传言您失踪了。"

前者关系财富，后者牵涉政治。当王健林提醒提问者"你其实问了三个问题"时，这位提问者马上放弃了第一个问题说，"您只需要回答后面一个。"

但王健林告诉提问者，"因为你的问题很有挑战性，我愿意回答你全部的问题。"

他仍旧保持了此前 58 年养成的习惯，越有挑战性的事情对他就越是刺激。可以这么说，巨大的风险与挑战从未给他带来不适，反而在心理与感官上给他带来了巨大刺激与满足感，这位特立独行的商人认为，过程越痛苦，成功后的喜悦越强烈。

针对第一个对财富风险的提问，他说："如果所有人都认为这件事可以干，这个事情一定不能干，只有少数人认为是对的事情，敢于去做才可能成功，才可能创造更高的盈利。"

针对第二个更富有挑战性的问题。与他的朋友柳传志"不讲政治"不同，王健林告诉在场听众，他处理官商关系的秘诀是"亲近政府，远离政治"。

在现场留下的一段讲演视频中，他对台下的听众说，在中国政商关系是一个复杂的关系——处理这种关系有时候甚至比读哈佛大学博士还要难。

此前一位美国官员曾告诉王健林，中国官员对他说过，在中国，尤其是民营企业能成功做大太不容易了，比美国企业家要艰辛好多倍。王健林笑着回答："他说得很对，所以中国商人到美国，肯定干得更好。"

尽管他对中国政治有着深刻的理解，但仍然不可避免地陷入谣言。不久前，有人传言他受到了薄熙来一案的牵连，甚至因此而失踪。他很快就发出声明，在这份声明中，他告诉媒体，他不会失踪，而且他马上要以一名慈善家的身份接受中央领导接见。这则声明极具他的风格——当危机来临时，他知道如何有力地保护自己。

"有些人说'我从来不和政府打交道',我觉得这是虚伪的。但是应该把跟政府打交道定位在是和组织打交道,不是跟个人打交道。不要希望自己和某一位官员,甚至高管,成为铁哥们儿,结为利益联盟,这就是我讲的'亲近政府,远离政治'。企业家应该做好分内的事,不要去干预所谓的人事安排,甚至更复杂的事情。"在接受凤凰财经采访时,王健林说,"你不要想着跟某人成为利益团体,成为哥们,万达之所以能应对政治风浪,就是一条,做好自我保护。"

在企业的日常管理中,王健林对政治也倾注了热诚。

28 层楼高的万达大厦坐落于大连市中心的中山区政府附近,2008 年之前,这里一直是万达集团的总部,王健林曾在这里的顶楼办公 6 年。如今,这里的大部分楼层都已经被卖给其他企业做办公楼,只保留了顶层万达地产大连项目办公区,以及 13 层的万达集团党建基地。2013 年 11 月,《博客天下》记者曾因为采访万达稿件而造访过这里。

基地的"留守人员"于丹说,万达大厦 2002 年开始投入使用,那一年,万达集团刚开始做商业地产,虽然只有 100 多名员工,但是却建了这栋 28 层高的大楼,"在当年,这楼也算是大连的地标性建筑。"

2008 年，万达总部迁至北京，只留下于丹一个人来维护 13 层的党建基地办公区。在这 1300 多平方米的使用面积上，陈列着万达集团过去 20 多年的发展历史，其中还包括万达集团的各种党政建设成果。那里有上百张集团党员在不同场合培训时的照片，尤其醒目的是王健林和多位国家级领导人的合影。

这层楼给人的感觉是设计上的大气。出了电梯就能看到一副巨型的王健林的照片，铺满了一整面墙。照片的主色调是鲜红色，图片的黄金分割点上，王健林作为十七大代表在会上发言。他身后整个会场的座席成为照片背景，无数十七大代表的面孔因为镜头的拉伸而变得模糊。

照片的右侧是大片留白，鲜红色的底板上用金黄色字体写着王健林的"感悟"，"没有共产党就没有改革开放，没有改革开放就没有民营企业，没有民营企业就没有万达的今天。"

一个可以容纳几百人的放映室里，随时准备接待外地前来"朝圣"的中小型民营企业家。参观者只要提前预约，过来之后就可以坐在放映厅里，看一个长达近 20 分钟的万达企业纪录片。片子的前半段是万达的"发家史"，而后面的十分钟则是讲王健林如何投入巨款发展党建活动。

"没有一个企业，尤其是民营企业会花这么多精力和财富去搞党政建设，万达是个个例，这里的党建工作甚至比很多政府机构搞的还要严肃认真。"于丹解释说，因为万达集团的党建工作搞得好，已经有很多政府机关的党政工作人员不远万里来这里参观。

过去两年，来这里参观过的政府官员中，有中央组织部的高级官员，有全国党建委员会的领导，也有辽宁省委副书记。

根据企业宣传品里提供的资料，万达集团每到一个新的城市发展项目，都会在项目公司建立党组织部，和项目部等核心部门平起平坐。

据内部人士透露，在万达，入党是一件非常重要的大事，"党员在福利待遇和职业发展方面比非党员更有优势。这种类似政府机构的作风在全国的民营企业单位中非常罕见。"

万达对党建工作的重视，也体现在每年的常规活动中。2010 年，在万达长白山项目所在地，时值建党 89 周年，万达集团 58 名新发展起来的党员会聚在杨靖宇烈士陵园宣誓；2011 年七一建党节，90 名新党员又包机飞到江西吉安，在井冈山进行入党仪式。

王健林在党建工作方面的大手笔还直接体现在这个拥有 1300 多平方米的楼层。参考其他卖出去的楼层价格，这一层楼总体价值近四千万元。"你能想象到吗？价值这么多钱的一层楼只是陈列着各种照片和政府发放的奖状，说明董事长对党政发展的重视。"万达内部的一位管理人员对《博客天下》的记者说道。

不仅这样，记者了解到，王健林之前曾计划将这个党建基地搬迁到地段更中心更繁华、建地面积也更大的万达中心办公楼，但是后来因为集团总部搬到北京，这个计划暂时搁浅。

前来大连出差的万达总部党政办公室张先生也讲了几个颇能体现王健林在党政建设方面大手笔的细节，每年三月到五月，万达集团都会组织入党发展对象在万达学院进行为期三天的培训，内容主要是党史和党的基本思想的传播，而每年的七一，万达总部也会有非常隆重的庆典仪式，并用巨额奖金表彰前一年的优秀党员。

在靠近北京的河北廊坊，集团总部投资 7 亿元人民币成立了专门的万达学院，占地面积 700 亩左右。张先生说，万达学院每年培训党员和员工 80 万人次，培训内容包括政府政策解读等方面。"这样做的民营企业在全国没有第二家。"

在张先生看来，这么做的原因很简单，就是体现万达努力和党的基调保持一致，以及顺势而为的经营理念。"前些年国家鼓励发展商业地产，万达就建商业地产，最近国家想发展文化产业，万达就大规模开建文化地产项目，董事长所走的每一步都是和国家的战略政策保持高度一致，他希望自己的态度能够营造一个更好的政商关系。"张认为，王健林这样的举动，和他之前在政府工作的经历有着千丝万缕的联系。

另一位万达总部员工曾向《博客天下》的记者表示，这个基地很好地体现了王健林以及万达集团与政府之间良好融洽的关系，"了解政策，跟随党的步伐，搞好政商关系，是万达发展的基脉。"

这名员工透露，王健林每天都要拿出一定的时间阅读党政报刊，研究新的政策方针。万达集团从大连起家，主要的发展经历也在大连，"我更愿意将这个党建基地作为万达在大连基脉的延续。"

因为用心而巧妙的经营，王健林也得到了政府的认同和嘉奖。2012 年 3 月 21 日，在全国非公有制企业的建设工作会议上，他受到国家领导的接见；次日，作为少数几位嘉宾之一，王健林又被邀请座谈党建工作经验；同年 4 月 10 日，他作为"中华慈善奖"获奖代表赴中南海接受领导接见，业内人士认为，王健林的"上层路线"走得颇为巧妙。

第二节　参政议政：积极建言的"政协委员"

万达集团在党建方面的积极态势可能略显单调，而作为全国政协委员的王健林，则和很多只知道举手赞成的社会名流或者企业家同行不同，他恰如其分地发挥着自己的个性，利用他的公众名声，在有限的政治空间里发挥他的影响力。

很多跑两会的记者还会津津乐道于王健林在 2012 年的两会上"炮轰"财政部的事情，王声称自己在前一年两会上提交的一份提案被财政部敷衍回复。

2011 年全国两会，王健林提交了一份呼吁降低奢侈品进口税的提案，并

政协委员王健林出席两会

称为了准备这份提案，他自掏腰包出资 200 多万元聘请尼尔森公司做了境外奢侈品消费的数据调查。这份提案建议由商务部牵头，组织税务总局、海关总署等尽快出台降低奢侈品进口税的政策，把中国人在境外奢侈品的消费留在国内，扩内需促消费，加快转变中国经济发展方式。

2012 年两会前夕，王健林在万达官方网站撰文谈及政协委员履职感想时透露，那份关税提案得到了某部委领导的呼应赞同，"遗憾的是，这个建议未能落实"。

王健林在 2012 年两会的讨论会上称，相关部委发函感谢他对财税工作的关心，但之后表示，"关税并不是奢侈品价格高企的原因，经过测算，关税成本平均只占零售价格的 2% 左右"。

"他们是在糊弄我。"王健林如此形容看完复文后的心情，"我是很认真地准备这份提案，若是能够降低奢侈品进口税，把中国人海外购物的部分需求引回国内，对于扩大消费、增加就业都是有益的。"

每一份提案复文下发的同时还附有政协委员对处理意见的反馈，分为"相当满意、基本满意、不满意、很不满意"，王健林说，自己毫不犹豫地选了"很不满意"。

这件事的后续是，财政部方面最终站出来针对此事给出了解释，但是王健林最终也没有表现出对"解释"的满意。

实际上，政协委员的建言、提案的质量与行政机构的回复和诚意，类似交锋在近年来的两会上已经成为热点现象。虽然对两会提案的结果并不满意，但是王健林仍一如既往地积极履行着参政议政的角色。

在"炮轰"财政部的 2012 年两会上，王健林给出的提案则是《对首次置业和首次改善型置业贷款恢复 7 折优惠利率》。

"促进房价合理回归"是政府当年调控的新口号。但是王健林认为"即使全国房价平均下降 20% 左右，老百姓也得不到什么好处"。因为降价的同时，由于房地产调控，各家银行取消了此前首套房贷款利率 7 折的优惠，甚至实行利率上浮，这样购房者的负担反而加重。王健林认为这一轮宏观调控，政府、企业、群众、银行四方利益博弈中，前三者都是失利方，只有银行是赢家。

王健林并没有直接表达对房地产调控政策的异议，而是在认同调控政策的前提下，希望银行能恢复置业贷款的优惠利率，刺激中产阶层的住房消费，让购房者得到更多实惠，活跃房地产市场的交易。王健林对政策意图的把握和民生话语的把握可谓恰到火候。

而在王健林还没有获得首富称号之前，王健林也提交了几份颇有分量的提案。

2008 年，在全国政协会议上，王健林提交了《关于建立全国性政策性中小企业银行》的提案，此举受到了希望推动金融体制改革的学界的重视。

2011 年两会上，王健林又提交了《紧缩政策下更要保护中小企业的金融需求》的提案，呼吁国家有关部门真正重视中小型企业的生存发展，在货币紧缩形势下，采取有效措施解决中小型企业融资难的问题，避免金融紧缩政策再次伤及这些企业。

在 6000 多份提案中，该提案被筛选出来作为重要提案，呈送给了相关领导。

万达成就了王健林，王健林成就了万达

两会之后，国家相关部门对此做了回应。工业和信息化部副部长苏波在一次会议上表示，"工信部将在中小企业集聚的区域建立、充实和完善公共服务平台……鼓励中小企业融资性担保机构的发展，重点推进省级中小企业融资性再担保机构和担保基金的设立，健全多层次中小企业信用担保体系，多途径、多渠道缓解中小企业担保难、融资难的问题。"

银监会后来也正式表态，将逐步实施对小企业金融服务的差异化监管政策。

可惜的是，王健林长期呼吁的实际效果似乎意义不大，中小企业融资难的问题依旧十分严峻，解决方案的进展十分有限。政策与执行相脱节，计划与现实相脱节，中小企业的融资难题，还需要更多的王健林奔走疾呼。

给微型企业免税是王健林在 2012 年另外一个重点关注的提案。王健林的矛头指向财政部。

"我认为这个问题实施的关键在财政部，不在税务局，也不在发改委和工信部。"王健林谈到，10% 的大型企业缴纳了全国 90% 的税收，微型企业估计也只缴纳了 1% 左右。"1% 的税收考虑减免，对于国家财政并没有大的影响，何况国家财政每年都是两三倍预期增加，完全可以消化这个成本。但是如果能够给出一个长期的政策，对于从业者而言就减去了相当大的负担。"至于微型企业的界定，王健林的提议是 30 人以下。"如果很多人听说不纳税了，就会积极投入创业，增强国家经济活力。"

对于自己政协委员的身份，王健林曾表示，像企业家这种新社会阶层除了捐款、投身慈善事业以外，还应该对国家的民主政治有所担当，要积极参政议政，这才是新社会阶层的责任所在。

除了对国家机关的尖锐批评，王健林也多次表达经济环境对企业家精神的遏制，令他忧心忡忡的是，与 20 世纪 80 年代第一代企业家风起云涌的混沌时期相比，现在的中国越来越难以出现优秀的企业家。

"中国现在最大的问题还不是经济增长快一点或慢一点，最大的问题是企业家精神的流失。八十年代末九十年代初的时候，很多官员、军官、教授都会勇于下海闯荡做生意求发财。而现在很多人都没有这个勇气，中国的创业环境、舆论环境、资本环境、制度环境，都越来越有利于大公司发展，不利于小的创业家的出现。"王健林说。

看到很多成功企业家甚至仅仅是取得小小成功的企业家都选择移民海外，甚至卖掉自己公司来享受生活，王健林显得非常痛心和失望。"当大多数企业家都不再有奋斗精神，都卖掉公司去享受的话，那这个国家就完蛋了。"

也正是这种忧患意识支持着王健林始终努力地参政议政，试图推动调整相关政策，希望能有一个合适的环境来帮助企业家和创业者。

除了以政协委员身份在两会这个正式场合建言，平日里，王健林也经常通过媒体表达对民生、房价等热门话题的看法。

2014 年以来，全国楼市成交一片萎靡，部分一线城市甚至出现成交量"腰斩"现象，降价的风潮引发了人们对楼市"崩盘"的猜想，王石也预言中国楼市在 2014 年"非常不妙"。对此，王健林却认为，"今年出现崩盘的论调只是原有论调的一种延续，"王健林表示，看空中国房地产，中国房地产要崩盘的论调已经出现十年以上了，有很多代表人物，甚至包括一些赫赫有名的经济学家。但是十年过去了，崩盘从来没有真正发生。

王健林显然对政府调控非常有信心，"中国的真实城镇化率还不到 40%，十八届三中全会后的新型城镇化工作会议，国家首度把城镇化作为国家经济发展的重要支柱，作为推动国家发展的主要动力。"

当然，这些时候，王健林的发言角色身份有些模糊，更像是开发商为自己所在的行业利益鼓劲。

亲近政府、远离政治，是作为万达集团董事长的王健林在政商关系上的基本策略。而作为政协委员的王健林，积极而不激进地对公共事务发言，恰当地展现他的在场意识，应该说，王健林把这两种策略都经营得恰到好处。柳传志、王石、任正非等企业家，均曾经历过军旅生涯，同时又各自执掌着十分庞大的企业，在某种意义上都曾经历经沧桑，如今功成名就，面临着共同的挑战，在政商关系上也都各自做出了思考和言说。而王健林的公共形象相对简单，他既不像马云那样有强烈的表演欲望，也不像王石那样对公共话题有强烈的兴趣，迄今为止，王健林基本没有卷入重大的社会争议。

不过在漫长的商业航程中，长期以来的审慎和首富的光环，能让王健林一直避开各种暗礁吗？

人们喜欢把那些同样站在镁光灯下的企业家的言行，进行一些对比，这其中大部分都是王健林的朋友和同行。中国最富有的企业家群体，虽然有不同的成长背景和理念，但他们都在以某种方式和政治互动。

和王健林同属地产界"大佬"的许家印一直是"两会"上的亮点，抛去他的招牌性笑容和爱马仕的皮带，不可否认的是，这个在诸多方面和王健林有着相似点的全国政协委员是个喜欢建言的人。他提出的"两会"话题涵括了足球改革、足球人才培养、控制房价、改造城中村、改革捐赠机制等等。因为言论合理，贴合民意，许家印被媒体评为"全国两会十大最热企业家"。

与许家印关注时政和改革不同，另一个地产商人，北京市华远地产股份有限公司董事长任志强因为经常在公共议题上放炮，而获得任大炮的称谓。任志强经常在参政议政时"语出惊人"。从 2009 年两会的"高房价能够控制中国人口素质。"再到 2012 年两会"开发商就是当夜壶的"。

不过最近两年，任志强的建言明显温和了许多，2014 年两会期间，任志强曾对房价提出看法和意见，"中国不应该征收房产税，因为中国的土地不是归属个人。中国的房产税不包含土地，而农村土地、集体土地都应该收税，所有的土地收益都应该收税。"

同时，他又"预言"，2014 年房价增速或降至个位数。"我们看 2014 年，总的趋势是看涨的，但是增幅放缓，如果说具体区间，则有可能从两位数降到一位数。"

而对一些比较敏感的话题，任志强也不再主动放言，甚至在两会会场间隙看手机，发微博，刷朋友圈，做"低头族"。

因为经常在微博上和任志强互动，甚至被人称为任志强好朋友的潘石屹，更是公共领域的明星企业家，他的参政议案曾被批"代表了自己的利益"。

2009 年的北京两会上，潘石屹曾有三项建言，"第一，建议降低商业物业出租税；第二，建议北京市取消'两限房'；第三，让土地交易市场更加透明化。"事后曾有人认为，潘石屹议案中"降低商业物业出租税、让土地交易市场透明化"两项都与潘石屹自己公司的利益息息相关。而取消"两限房"则对整个商品房行业有好处。因此，潘石屹的议案首先代表了自己的利益，其次代表了房地产商的利益。

也许是在舆论上吃了亏，潘石屹最近几年的议案都比较贴近民生。只在2013年，他拿着自己购买的空气质量测试仪器检测室外的PM2.5值，并呼吁环保问题；同时建言出两套房产税，让百姓可自选按面积或按套数收取。

除此之外，参政议政的房地产商们也在尽量减少有关自己本身的话题。譬如2010年，龙湖地产董事长吴亚军（《福布斯》版"中国女首富"）在重庆团分组讨论时，针对"企业老总群体个税征收漏洞"话题称自己"缴过1000多万的个人所得税呢，每年缴纳个税在100万元到200万元之间"。

富豪委员和代表们的言行总被人们密切关注。纵观最近几年的民营企业家提案和建议，"四平八稳"逐渐取代过去的"雷人言语"，出风头不再是王健林等委员和代表们所追求的效果。

一边是政治头衔，一边是商人角色，与国外专职议员相比，中国"两会"

中的企业家代表们，似乎避免不了社会对其公共角色和行业利益的质疑。对于这些在商界和政界弄潮游弋的人来说，如何能在阳光下对接二者之间的缝隙，像王健林这样的地产富豪们直到今天依然处于不断摸索过程中，并且随着经济社会的转型，未来或许风险重重，他们必将迎接更多的未知挑战。

第九章
万达忧思录

万达长期对外宣传的，万达是一家以商业地产为主的开发商，根据王健林在 2014 年上半年万达会议中公布的数据，截止到 2014 年上半年，万达集团已经在全国 60 多个城市开发了 90 多个万达广场，形成了一个辐射一二三线城市的庞大商业地产王国。

万达的商业地产概念比较模糊，它不但包括万达广场商业街区，还包括写字楼、酒店和高档公寓，而高档公寓和一般开发商开发的住宅没有什么区别。根据公开数据，万达集团在 2010 年总收入规模在 770 亿左右，而在全部销售收入中，来自万达商业地产公司的收入占据了整个总收入的 82.45%。而这些收入主要是住宅、写字楼、社区商业等出售物业的销售收入。根据 2013 年上半年的数据，万达的销售总额是 670 亿，而商业地产的销售额是 570 亿左右，占比依然接近 80%。因此这些年来，万达虽然一直标榜是商业地产开发商，但实际上住宅和商业楼宇的销售才是万达集团的核心收入来源。

不过对于这种通过地方政府和万达谈判而形成的合作模式，以及万达非同寻常的低价拿地方式，市场中也不乏一些质疑的声音，有说法认为这种做法损坏了公平交易的原则。国土资源部为此曾经组织督查组进行督促，国土资源部监测到万达在广东的部分拿地项目涉嫌"前置条件"、"垄断拿地"，由此被叫停。不过最终在地方土地政府的协调下，万达还是以底价获得东莞、柳州等项目地块。

也有媒体发现，有些项目——比如万达在青岛开发的东方影视城项目，土地出让程序还没有履行，万达就已经开始施工。类似不规范的运作模式和市场同行的指责，可能是万达集团的某种隐患。

除了要应对越来越多的质疑之外，万达商业地产还必须应对日益激烈的同行竞争。如果说在中国商业地产开发这个丛林里，万达是一只东北虎的话，那么在这个领地，这只东北虎的统治地位并不稳定，群狼环伺，虎视眈眈，都想扩大自己的地盘，阻击对手的成长。

2005 年到 2010 年，以万科、保利、绿城等为代表的全国性的开发商，主要聚焦在住宅地产，各自获得巨大利益，而万达绕开这片商业红海，另辟蹊径，以万达广场或城市综合体模式在全国推进。那个时候像万达这种模式的几乎就是绝无仅有，和各个地方政府洽谈合作的时候，也可以所向披靡。

但 2009 年以来，随着国家投入巨资刺激经济发展，住宅地产供应量增加的同时价格猛涨，远远超出一般民众的购买力，因此中央陆续出台各种宏观调控措施，尤其是限贷和限购等组合政策，使得住宅地产的成交量下行。到了 2012 年以后，这种下行趋势更加明显，众多房地产企业都陆续进入商业地产领域，商业地产领域出现群雄逐鹿的局面。

一向标榜只专注于住宅地产的万科，也宣布要转型为城市服务配套商，试水商业地产，依托于万科的邻里社区店等商业形态，万科要将商业地产收入占比从 5% 上升到 20%。

有国资背景的房地产大鳄保利地产，从 2013 年开始，已着手加大商业、养老地产、旅游地产的布局力度，靠多条腿走路来实现业绩的增长。

发迹于重庆的龙湖地产，则开始不断升级他们的天街系列。2013 年 12 月底，成都北城天街开业，首日客流量超过 20 万人次，创下了中国商业综合体一个不小的奇迹。

远洋地产则主推他们的未来广场，标榜集创意生活体验、特色主题餐饮、快速潮流零售于一体，希望寄商业全链条开创一种城市综合体生活模式，并为这种生活模式每年增加 20 万平方米的商业体量。

华润置地旗下的万象城早就有全国布局的计划，他们的经营方式更趋于与高端奢侈品等商户共同赢利的持有模式，目前深圳项目地处罗湖，杭州项目地处钱江新城，沈阳项目地处金廊，成都项目地处成华区，南宁项目地处清秀区，郑州项目地处二七区，均是当地核心区域，万象城在重庆和无锡的项目也将陆续开业。2013 年 12 月中旬华润置地开始将升级版的万象城——万象天地公开推出，在升级版的万象城中，写字楼、公寓、五星级酒店和文化艺术设施等配套陆续启动。

许家印领导的恒大集团，依靠在全国三四线城市为主的房地产开发，成长为一家销售收入超过千亿的巨无霸企业，许家印不但把足球玩得风生水起，而且还大规模投入商业地产。恒大集团对万达模式的拷贝似乎最为直接，除了商场酒店，恒大集团也同样投资 IMAX 电影院。甚至通过饮料起家的宗庆后，也宣布要跨界投资商业地产，要在全国设立一百个商业门店。这些彼此并不陌生的地产大鳄们，一进入商业地产领域便摆出舍我其谁的"豪气"，动辄举资百亿、千亿。

在各路资本纷纷杀入商业地产的背景下，特别是 2010 年住宅领域限购、限贷政策实施后，商业地产领域的投资增速达到了 30%。一份 2011 年数据报告显示，当年排名前 20 名的开发商都已全线进入商业地产。

在这种商业地产"大跃进运动"下，商业地产快速走向过剩，一些典型城市商业地产泡沫已经接近破裂，2012 年 1 月～10 月，贵阳市商业地产总供应量超过 100 万平方米，与 2011 年同期相比大幅上涨 50% 左右，达到历史新高。而致力打造西部经济核心增长极的四川省会成都，其商业地产在建面积接近 300 万平方米，成为全国商业地产在建规模最大的城市。媒体引用业内人士的一句形象的比喻，"满城尽是综合体"。数据显示，2013 年的北京、上海等 7 大城市新推购物中心达到 2034 万平方米，是 2012 年开业量的 2.9 倍，远远大于零售商开店速度和国内零售额增长速度。资料显示后续大规模供应还在持续，上述 7 大城市未来 5 年购物中心面积将至少翻一番，达到 8700 万平方米，而 7 大城市中的武汉、重庆、成都等二线城市将增长至少 1.5 倍。

对万达来说，商业地产泡沫带来的冲击是多重的，首先是万达综合体的模式不再是独此一家，在和地方政府谈判的时候面临越来越多的竞争压力。同时大量入市的商业地产对万达的招商、租金等都会形成冲击，万达商业地产的价值受到折损，而商业地产供应过剩也直接影响了万达开发的商业地产的销售速度，对万达的资金链和利润率构成冲击。

在万达快速发展过程中，王健林强悍的融资能力一直是万达的核心动力之一，而社会上对万达资金链安全的质疑之声也一直没有停止过。

如本书第三章所述，在王健林刚接手大连西岗区房产公司的时候，他就以近乎高利贷的利率，通过在金融系统工作的战友融到巨资，赚到了第一桶金。而在万达改制过程中，万达集团从国有企业变成私有企业，王健林想必也充分利用了当时的金融资源，才能顺利实现股权转换。在20世纪90年代，金融体制还处在高度管制状态，金融资源基本掌握在国有银行和国有企业手中，民营企业很难获得信贷资源，而王健林在20世纪90年代成为大连开发商中的巨头，说明他已经把金融资源运用得得心应手。

万达的全国扩张过程也是其颇具霸气的融资能力的展示过程。

央行金融管理部门很早就把万达列为全国房地产金融改革试点企业，享受"绿色贷款"通道。全国所有的房地产企业中只有万科和万达享有这种待遇。"绿色贷款"意味着单笔贷款在五亿元之内无须审批，两三天可以批款。

万达作为全国性的大型企业集团，和中国主要的银行金融机构，包括中国银行、工商银行、建设银行、交通银行等都获得了巨额授信。中国银行、工商银行和农业银行三家总行都与万达集团签有银企协议，在协议签署后，企业在该商业银行各地各分行的贷款，将无须再履行基本的信贷逐级审批程序。

万达集团很早开始了融资方式的创新，万达集团最早和渣打银行合作，推出了租约抵押贷款，在 2002 年、2003 年就与东亚银行等合作过经营性抵押贷款。

在 2005 年前后，由于房地产开始了第一轮宏观调控，开发商普遍资金紧张，万达集团与投资机构以私募形式进行了融资，与麦格理在 2005 年完成的九项商业物业的 24% 股权转让，涉及金额高达 32 亿元。2009 年以后，万达与西安国际信托、中诚信托以项目信托的方式进行了一轮融资。而在 2010 年左右，为了配合万达商业 A 股上市进程，万达与建银国际等战略投资机构进行了股权私募，具体金额大约是 10 亿元。

当然，万达每开发一个项目，都会把各种融资渠道充分利用起来，这其中包括土地抵押贷款、项目贷款、经营性贷款、供应商垫资、物业销售、信托融资等，地方政府在和万达谈判时，也往往会承诺在金融资源方面给予支持。

在抵押贷款方面，万达尤其具有一般企业无法比拟的能力。万达部分项目的抵押贷款比例，往往远超项目估值本身，比如一个估值仅为一个亿的项目，甚至都能获得 5 个亿的抵押贷款。

对万达来说，为开发一个项目所需要的资金，自身投入的资金大概只有20% 左右，剩余的都是利用多种渠道融资完成。这种融资杠杆工具的极大化利用，使得万达扩张速度远远高于一般企业。

第一节　无形隐忧：攀升的资产负债率

万达的资金链来自"盖房——抵押贷款——继续盖房——继续抵押贷款"的模式，万达项目的推进速度，也使得这种高杠杆融资方式能发挥更大的效力。项目的快速启动，包括土地权证的获得，可以快速通过抵押贷款进行融资，而快速的建筑速度，对建筑商来说，也可以减少资金垫付的时间成本，通过住宅和商业楼宇的快速销售，可以迅速地获得资金回款。万达要求，一个项目开盘当月，就要完成 80% 左右的销售指标，这是确保万达资金链安全的重要筹码。这些年来，万达加大了商业楼宇的持有比例，通过这些持有资产的升值，万达获得的抵押贷款金额也水涨船高。

2011 年以后，随着房地产调控的深入，银行信贷紧缩，整个行业资金面趋紧。为周转资金，万达一般将酒店、写字楼的装修等项目外包合作，有时出让部分项目股权或由其他企业垫资。此番境况下，万达最主要的融资渠道就是发行信托融资。

由于万达不是上市公司，万达内部的资产负债表还不是很透明，但这些年随着万达的扩张，其资产负债率不断攀升。根据公开资料，2009 年，万达总资产约 741 亿元，负债约 688 亿元，近利润约 26 亿元，2010 年总资产增至 1414 亿元，负债增加到 1280 亿元，近利润约 72 亿元，2011 年总资产增至 2030 亿元，净资产 205 亿元，负债率高达 89.9%。2013 年，万达集团资产总额已经达到 3800 亿，

通过资产兼并、新投资项目，万达的资产膨胀速度十分惊人，而负债率也必然同步扩张。

和资产高增长同步，万达的负债水平也一贯高位，但是净利润增幅却远远跟不上资产的膨胀。收益过低——成了万达无法掩饰的隐忧。资产规模不断扩张，资产收益率却在下降。

这种高杠杆扩张模式的风险是，当货币流动性收缩的时候，企业将面临非同寻常的风险，金融市场上的风吹草动都将给万达的资金链安全带来冲击。

更重要的是，经济周期将会显著影响万达的融资能力，因为那个时候，抵押估值会下降，市场流动性会大幅收缩，银行给予的授信额度会名存实亡，即使能融到资，融资成本也会大幅提高，这是万达面临的最重大的战略风险。

第二节　漫漫长路：万达的坎坷上市路

万达集团官网在 2014 年 7 月份发出公告，说根据中国证监会 7 月 1 日公告，万达商业地产 A 股上市因未更新申报材料已终止审核。万达感谢 4 年多来在 A 股筹备上市过程中，监管部门、股东和社会各界的关注。今后将继续积极探索多种上市途径。

历经四年多筹备上市，最后换来一纸终止审核公告，万达商业地产上市之旅未必是数量众多的等候上市公司中最悲惨的，但这对王健林而言显然是个不小的挫折。

2010 年以来，万达一直在谋求上市机会。最先启动的拟上市平台是万达商业地产，为了筹划上市，万达商业地产做了一轮股权私募，引入建银国际等战略投资者。不过从 2011 年以来，政策当局推出了针对房地产领域的新的宏观调控政策，压缩针对房地产开发商的信贷，在资本上同样对房地产行业采取围堵，鲜有开发商能成功上市。

万达院线是王健林第二个努力推进的上市平台，不过由于和大股东之间存在复杂的关联交易，同时其盈利可持续性也存在疑问，证监会在 2014 年 7 月份宣布中止审查。

万达旗下两个上市平台都出师不利，最终折戟沉沙，这显然让王健林十分失望。不过这也反过来说明，王健林并没有特别强大的政治资源，那些传闻中的政商资源似乎并没能起到多少作用。虽然万达商业和万达院线的上市过程遭遇了一些挫折，不过无论是基于资金压力还是业务发展需要，这些业务板块分拆上市都将是王健林不可避免的选择。可以预见，王健林将会重新启动上市过程。而随着资本市场管制松动，上市报批制有可能转为备案制，对于万达这些业务板块来说，未来也许会有一些意外惊喜。

第三节　借壳上市：拓展海外融资之路

国内资本市场阻力重重，王健林的目光自然转向了国际，在 2013 年，万达集团在香港收购了原名为恒力地产的一家壳公司，把部分资产注入后，改名为万达商业地产，这为万达国外融资打通了一个通道。作为全国最大的商业地产商和亚洲最大的电影院线运营商，凭借其良好的口碑以及赢利能力，万达在海外债券市场的融资能力大大加强。

万达商业地产于 2013 年为母公司完成首次海外发债，其发行的 5 年期美元计价债券获得 4.6 倍超额认购，发行规模达到 6 亿美元。今年初，万达商业地产再次成功发行 6 亿美元 10 年期美元债券，认购额超过 33 亿美元，两次成功发债为万达的现金流提供了重要保障。

王健林积极谋求国际扩张，迄今为止，万达集团已经计划在伦敦、纽约、芝加哥、西班牙等地投资兴建万达广场，王健林还收购了英国的圣汐游艇公司，根据规划，万达集团每年将推进 2～3 个海外大额投资项目。

无论从产业布局来看还是融资便利性来看，万达的国际化进程都有利于分散风险，完善原来的商业模式。不过，随着王健林的海外资产越来越庞大，国际汇率风险也将如影随形。

比如万达集团几十亿美元的负债，在未来数年就包含了巨大的汇率风险。

由于各国货币政策的变化，引发国际资本流动变化，原来人民币对美元的升值压力已经减轻，从公众预期来看，在未来数年内，人民币的贬值将是大概率事件，而这将给拥有外汇资产负债的企业带来显著影响。2014年上半年人民币兑美元开始贬值，最高贬值幅度达到2%，国内一些拥有大量美元债务的航空公司，包括中国国际航空公司、中国南方航空公司、中国东方航空公司等主要以外债为主的数个航空公司，都因为汇兑损失而导致利润大幅度下降。

万达集团的债务结构和这些航空公司不同，但随着万达的国际化征程，万达的外币负债自然水涨船高，而随着美联储退出定量宽松政策，美元加息脚步的临近，以美元计价的外债将构成众多中国企业的沉重负担。万达集团要么通过支付更高的成本，运用金融衍生工具来锁定外汇变化风险，要么就处在更高的风险中。

在国内商业丛林里异军突起的万达集团，如何在国际化环境中规避商业风险，确保投资回报率，同时在瞬息万变的国际市场从容游弋？只有时间才能告诉我们答案。

第四节　蓄势待发：描绘万达金融版图

站在万达集团融资的角度来说，接下来最重要的戏码应该是万达金融集团。王健林曾经在公开场合明确表示，万达不参与创办民营金融企业，个中原因外界不得而知，当然，以当时万达的资金需求体量，必须和国内主要银行合作来获得融资，通过培养业务口径极小的民营银行来扩展融资通道，大概是吃力不讨好的事情。

不过随着金融体制的逐步放松，国内民营银行热潮涌动，而互联网金融开始快速成长，腾讯、阿里巴巴等都开始涉足金融领域，金融版图正在发生重大变化。在这个背景下，万达集团不能无动于衷。从2014年万达集团上半年工作报告来看，王健林改变了思路，万达集团将在2014年第三季度成立万达金融集团，未来万达所有的控股、参股以及财务投资都由该公司负责。王健林称，成立金融集团是万达实现新的转型的要求，也是万达打造的新的支柱产业和新的利润增长点。

半年工作报告显示，万达已经注册成立了一家百亿级别的投资公司，正在申报成立一家注册资本300亿的财务公司，还计划投资其他金融行业。王健林表示，"去年开始，万达就有计划地进行了资金准备。今年下半年万达将逐步展开金融业务，在多个金融行业进行投资。万达还正在与一些国外金融机构接触，一到两年内在海外金融产业方面就会有大动作。"

王健林表示，万达从事金融产业，最重要的还是找人，不光找到人，还要找到合适的人。"这就是我老讲的一句话，人就是一切，人就是事业。能否搞好金融产业，关键不是审批，不是资金，而是人才。"为此，原中国建设银行投资理财总监兼投资银行部总经理王贵亚已辞职，现任万达集团高级副总裁。在王健林的安排中，49岁的王贵亚将负责筹建万达集团金融板块。

正在组建的万达集团金融板块主要由三部分构成，分别是投资管理公司、财务公司、资本管理中心。

投资管理公司的主要业务包括两个方面，一方面，业务涉及与万达集团主业不同的业务投资，主要侧重投前和投后管理。另一方面，涉及与万达集团主业相关的投资，投资管理公司仅限于投资前介入管理，而并购结束后项目将交由资本管理中心管理处置。

资本管理中心是万达集团金融板块构成中最大的一部分，下设资本运营部、投后管理部、国际地产部等五个部门。

其中，投后管理部的主要业务是和万达集团主业相关的公司或项目并购后的接管、整合、处置，保证利益最大化。国际地产部主要负责对接世界各地房地产、土地信息，到各地考察评估项目及地块情况，洽谈项目投资渠道。

一切皆有可能，万达集团在金融领域正蓄势待发。作为初步动作，不排斥万达会入股或收购某些城商行或者中小型银行。万达金融板块未来的起伏，很可能决定着万达的命运。

第五节 亿元赌约：电子商务的冲击波

从 1988 年下海，到 2013 年成为中国首富，王健林用了 25 年时间，不过首富带来的光环并不足以让王健林高枕无忧。随着经济环境的演变，万达必须面对新的竞争，而最严峻的冲突则来自以电子商务为代表的商业形态的变化。

王健林与马云合影

这个冲击波，通过王健林与马云那个著名的"亿元赌约"而广为人知。2012 年 12 月 12 日，中央电视台中国经济年度人物评选的现场，马云与王健林同台。彼时的马云刚刚在过去的"双十一"斩获了超过 190 亿元的营业额，让世人感受了电商所蕴含的巨大力量。而王健林亦是收购了当时排名世界第二的美国 AMC 院线，他发出豪言："万达进入的领域，都要做到国内第一，甚至全球第一。"

在嘉宾的提问下，二人进行了一场"电子商务能否取代传统实体零售"的辩论。在自信"电商会基本取代零售行业"的马云面前，王健林并未示弱。他订下赌约："到 2022 年，10 年后，如果电商在中国零售市场份额占到 50%，我给马云一个亿。如果没到，他还我一个亿。"

一时间，亿元赌约沸沸扬扬。

电子商务的兴起深刻地改变了中国的商业版图。根据工信部的数据，截至 2013 年年底，中国电子商务交易总额已经超过 10 万亿，网络零售市场交易规模达 18851 亿元，同比增长 42.8%。这其中阿里巴巴集团的淘宝和天猫、京东商城、苏宁易购、腾讯等都已经成长为电子商务的巨头，而服装、鞋帽、图书、酒、食品、家具等各类垂直门户网站也快速崛起，

80后、90后的购买习惯已经发生非常显著的变化，网络购物成为一种基本的生活形态，电子商务已经跨过临界点，从过去一种局部经济现象扩展为全局性的经济现象，从流通业扩展到制造业，进而扩展到服务业和金融业。所以它对经济的影响是全局性的、根本性的。

正是在这种背景下，马云和王健林关于电子商务的赌局才吸引了那么多的关注，赌局背后，是两种不同的商业力量在较量，是两种不同思维在博弈。

面对电子商务来势汹汹的浪潮，王健林并非没有思考，他在接受《华西都市报》的采访时说到，所有的新方式都是对传统方式的促进，但并不意味着新的方式出现，所有的传统产业都要消失。电商发展很快，但是别忘了传统零售也在做大蛋糕。这不是切蛋糕的思维，你切掉别人就没有了。从消费者的角度，网购的人也经常去逛商场。电商和传统零售并不是非此即彼，任何一个新的模式不可能完全灭掉以前的经营模式，我们都会赢。

他在2013年底接受凤凰网"总裁在线"栏目采访时，曾提到自己对于改变传统零售业布局的考虑早于感受到"寒流"到来之前。

"万达在 6 年前就有规定，体验性消费要占 50%，那会儿网络消费还没有这么火，我们考虑要想把人气搞得更足，人员滞留时间更长。"他希望万达广场今后不能是只卖东西，而是要增加体验性消费。"体验性消费的一个特点是滞留时间长。吃饭，一个点，看电影，两个点，再去洗个脚理个发时间还要更长，拉长滞留时间，来增加体验性消费。"

2012 年，万达提高了对这一要求的目标，要求旗下卖场 3 年内，将体验性消费提高到 60%。"这样，纯粹买卖类的消费下降，这样的一个好处是，增加整个商场的黏度，吃喝玩乐都有。"

的确，王健林的说法不无道理，再怎么说，像修鞋、捏脚、掏耳朵这类行为，是不可能被网络替代的，传统商业形态自然有其存在的价值。即便是电子商务高度发达的美国，网络购物占零售总额的比例不过是 10% 左右，马云认为到 2022 年，电子商务零售总额比例将超过 50%，那几乎是天方夜谭，这个赌局王健林的赢率更大。

不过通过这个赌局所昭示的，却是万达商业模式所面临的结构性风险。不管怎么说，当越来越多的交易通过网络进行，这对万达旗下的商业地产都不是好消息，即使像修脚、掏耳朵这种无法通过网络替代的消费行为，其信息搜集和订单确认过程却是可以替代的，他们完全可以把服务网点设立在租金低廉的区域。因此，作为传统商业形态的百货，通过对商品的分类和统合，来聚集商业人气的做法正失去价值。万达通过餐饮、院线等聚集人气，然后再把人气衍生到其他商品店面的思路，正在失去其价值。

第六节　华丽转身：切分电子商务蛋糕

面对来自电子商务浪潮的冲击，王健林必须应战，万达必须跟上电子商务这个革命性的潮流。以万达现有的资本体量，万达可以承受更多的试错代价，但对万达来说，如果错过这种商业模式的转轨，将彻底冲击万达模式的价值基础，对万达旅游、文化等板块构成重大冲击。正如有媒体评论，王健林可以失去赌局，但万达不能失去天下。

万达集团早就开始布局应对这个冲击波。

2012 年，在订立赌约的 12 月，万达就开始了万人招聘，高薪猎取电商人才。普通工程师年薪 38 万元，主任工程师年薪 90 万元，平台技术部总经理的年薪高达 110 万元。万达电商声称，除了马云和刘强东，其余人都可以挖到。随后，阿里巴巴国际交易技术资深总监龚义涛加盟万达电商。

2013 年 9 月，万达电商首次亮相。3 个月后，万汇网与 APP 上线。12 月底，万达开始在旗下 6 个广场进行电商试点。截至 2014 年 3 月，万达电商业务进入到全国 11 座城市的 20 座万达广场。

万达电商的定位，不是淘宝，也不是京东，而是完全结合自身特点的线上线下融为一体的 O2O 电子商务模式。所谓 O2O，即将线下商务机会与互联网结合在一起。在王健林的心目中，购物最重要的是体验。"在饭店吃热腾腾的饭菜和打包好、2 个小时送到家里的感觉是完全不同的，除此以外的一些休闲消费，比如说足疗、按摩等也很难依靠网络实现。"王建林希望万达电商可以解决虚拟网络的局限性，打通线上线下的方式，形成立体化的销售平台。而入住万达广场的商家，都可以通过统一的智能化体系，实现线上和线下的同步销售。

除了 O2O，王健林还极其重视通过电商建立起属于万达的"大数据"。根据他的估计，2015 年大约有 140 个万达广场，一年消费者将超过 20 亿人。这些人是什么人，处于怎样的年龄段，他们的消费习惯如何……这些问题，现在的万达似乎很难回答。而通过电商显然可以帮助万达构建起一个覆盖面极广的数据库。

万达意在将旗下的所有业态，包括商场、院线、酒店、度假区等，共同为"大会员制"的电商平台服务。例如，消费者在万达百货消费，商家拿出 1% ～ 2% 的等值货币类积分来支持。成为会员以后，消费者可以在所有的万达广场，乃至万达旗下的各种业态，享受等同于货币的积分消费。

整整一年以后，王健林在接受媒体采访时，表示将放弃赌约。他说，当年的赌约是应节目组要求，为了活跃气氛而有的。赌约虽然是玩笑，但王健林当时说过的"向马云学习"，却有条不紊地进行着。

然而，对于电商的寄托，本身也反映了万达在高速扩张时代的隐忧。2012 的 9 月底的万达年会上，王健林就表示，万达广场的客流量的平均增幅掉到了个位数；万达广场销售的产品单价也在下降，表明消费者的消费意愿出现了下滑。同时，万达的高速扩张，也使得很多品牌商家感受到了压力，有些似乎跟不上万达广场的脚步。与其付出更多的成本去开设新的店面，有些商家更愿意提高原有店面的盈利能力。

电商，给高速扩张的万达，提供了一个整合内部资源、服务、推广、数据的绝佳平台。但是，万达的电商之路，走得并不顺利。

2014 年 3 月，原万达电商 CEO 龚义涛离职，COO 马海平也于 7 月初辞职创业。

龚义涛曾在离职后接受媒体采访时表示："在万达,通常先是用 PPT 的模式向领导请示汇报,所有的事情都需要领导批准才能做。我们互联网企业出身的人没有这个习惯……公司的管理上,互联网企业是扁平化的管理方式,极少有类似行政命令的情况。"

万汇网的页面上,至今还是万达广场的商品及活动介绍,虽然涵盖百货、美食、影院、KTV 等项目,但消费者无法直接购买实物类商品,仅能够下载餐饮、服装、休闲娱乐等优惠券。不支持线上下单,万汇网的线上线下的联动性显然没有真正体现。

长久以来,万达电商的模式依然还停留在"价格战"的营销层面,本质上还是打折促销。

同时,万达的各大业务之间,体系相互独立;万达广场之间也是各自为政,在资源、服务、数据互通方面都存在难度。万达电商作为万达内部的一个全新平台,如何整合巨大的资源,无疑是一个问题。在此之前,也没有任何能让万达这样的商业巨头所借鉴的成熟模式,万达只能是摸着石头过河。

在已有的电子商务巨头各自占山为王的今天，万达进入电商领域实在太晚，品牌的建立可谓困难重重。万汇网上线接近两年，至今默默无闻。而万达虽然有丰富的线下资源，但在互联网和移动互联、在线支付领域，经验几乎为零，这也是制约万达电商发展的重要因素。

公开数据显示，全国零售企业百强中，有接近 60 家开展了电商业务，但是运营情况均不理想。王健林并不希望万达电商永远如此。

2014 年 7 月 17 日，万达集团董事长王健林在半年工作会议上作报告，决定重整旗鼓，投入巨资升级万达电商战略，给原本就烽烟四起的电商战场，抛下了一枚不小的炸弹。

在这份手写的工作报告中，"电商"一词被提及多达 28 次。王健林称：将联合中国最大的几家电商成立万达电商，首期投资 50 亿元。计划用 3 年左右时间找到盈利模式，即使不盈利，也要看到盈利方向。万达电商要在一两年左右，让大家一说万达电商，就立刻联想到是真正的 O2O，能回答万达电商是什么。

豪掷 50 亿，无疑凸显了万达电商在前两年出师不利之后的痛定思痛。王健林在半年工作会议上提出"全力发展电商"。

"所有网上资源全部给电商公司。这不是要求，而是纪律。"

"要尽快把万达电商推向市场，要让大家看到万达电商的企业形象。"

"找到盈利模式。"

"放手让电商发展。"

如同立下军令状一般，王健林这一回对电商势在必得。按照他的预计，2020 年，万达要形成不动产、文化旅游、金融、零售、电商五大业务板块。而按照目前的发展态势来看，不动产在 2014 年就可以做到"世界最大，客气点说是最大之一"，文化旅游很快将成为世界级，金融也能做到优秀，万达零售未来则可能通过并购整合做大。在前四个板块基本靠谱的情况下，电商成了发展的重中之重。

前景远大，但王健林坚持不懈追求的，依然是做出万达的 O2O，或者说，让人们再提起 O2O 的时候，只会想起万达。然而，过去的 O2O 也的确鲜有成功案例。毕竟，O2O 不只是物理层面上打通线上线下，而是从更深层次去实现线上线下的渠道、数据和服务的打通，即没有所谓的线上线下之分，所有的顾客都是属于公司的。但是，万达依旧面临着各自为政的局面，已有的支柱产业已成气候，如何让一个崭新的部门统率，利益的分配又将如何达到平衡呢？

也有媒体称，王健林做电商，野心绝不止于电商，背后隐藏着更大的利益版图。万达电商试图通过建立一套积分体系来构建新的"货币体系"。因为万达的 POS 系统是自建的，如果线上线下可以打通，并且让消费者和商家习惯了通过万达的积分体系进行消费，那万达就可以将积分发展为消费货币，建立起和人民币的通兑规则。而王健林本人也曾提到，万达各系统都不得私发银行卡，待时机成熟，万达将要投资一家银行。

王健林给万达电商三年时间，这三年里万达电商必须找到盈利模式，即使没有找到盈利模式，也必须要找到盈利的方向。王健林并没有打算单打独斗，他声称，接下来将联合中国最大的几家电商，而究竟将与谁强强联手呢？谜底将在 2014 年下半年揭开。

在万达开始电子商务冲刺过程之际，已经在电子商务世界确立领导地位的马云，也没有闲着。阿里巴巴早已联手银泰百货，试图打造一个 O2O 领域的开放平台，全面打通会员体系、支付体系，实现商品的对接。而

2013 年 5 月，阿里巴巴集团、银泰集团联合复星集团、富春集团、顺丰集团、三通一达（申通、圆通、中通、韵达）及相关金融机构共同投资创立"菜鸟网络科技有限公司"。菜鸟网络以打造中国智能物流骨干网为名，在全国多个城市低价圈地，试图打造一个社会化和开放的物流体系，旨在解决电子商务的物流瓶颈，带动整个零售业态的进一步网络化。对这些巨头来说，追赶商业形态的变化，确立领先者地位，几乎是必然的。因此阿里巴巴和万达这类几乎从完全相反方向出发的公司，或许将在商业丛林的某个地方迎面相逢，展开一场轰轰烈烈的竞争。这场竞争未必有马云和王健林那个赌局那样吸引公众眼球，但其产生的影响却将更加深远。

人们不会怀疑王健林迎击电商冲击的意志，而王健林不停念叨的 O2O 模式，能否穿越大浪潮冲击下的商业迷局，却终究让人有点怀疑。

第七节　扭亏不易：万达百货成"鸡肋"？

剔除了住宅和商业楼宇销售这块万达收入和利润的核心来源之后，万达以商业地产面貌经营的几大业务板块，包括万达百货、万达院线、量贩 KTV、万达酒店等其实都是商业地产的衍生品，不过这些衍生品才是更符合公众认知的商业地产。

迄今为止，这些业务板块在整个万达集团的收入中占比都不高，2013 年，作为商业运营核心的商业管理公司，包括租金和物业管理费在内的总收入只有 7.34 亿，仅占总收入比例的 2%。此外，万达的几大主要业务线，包括文化娱乐（院线、KTV、华夏时报）、酒店、百货等，加起来都仅占整个集团收入的 15%，这似乎说明，万达的商业地产模式，在收入贡献上并不理想，如果不依靠住宅和商业楼宇销售收入来输血，万达模式自身的可持续发展将存在严重挑战。

如何把这几大业务板块做扎实，提升营业额和利润，让万达商业地产更加名副其实？这些对王健林来说具有重要的战略价值。本章通过对万达百货、万达院线和万达酒店的概略性分析，来阐述万达商业地产各个板块的机遇与挑战。

某种意义上，万达百货一直是王健林的心病。

万达百货是中国最大的连锁百货企业之一，拥有高端奢华店、精致生活店、时尚流行店和社区生活店四种形式，目前在全国已开业 83 家。万达百货看起来虽然体量不小，但其经营状况并不如意，万达百货一直没有摆脱亏损局面。2013 年，万达百货实现收入 154.9 亿元，同比增长

39%，只完成调整后计划的 91%，净利润增亏 7%。这也意味着，万达百货不仅没有盈利，还扩大了亏损。

一直以来，遭受电商冲击最严重的还是传统的百货业。王健林 2014 年的半年报告中，虽然仍提到万达百货未来可能通过并购扩大业务，但是中国百货业从 2002 年开始出现的关店热潮并没有结束。2014 年 4 月至 6 月，包括百盛百货、中都百货、摩登百货、新光百货等在内共有 8 家百货的 12 家门店相继关门歇业。7 月，开业不到两年的广东湛江王府井百货也宣布正式停业。

2013 年，万达零售业态从单纯的线下百货、MALL，增加了线上平台万汇网，引入了电商和 O2O。万达方面认为，百货业务的不振，一方面是全国百货行业均陷入困境；另一方面则是万达百货内部在调整。因此，减少零售业态的门店占比，减少与万达百货的业态重合等都是重点项目。但显然，万达百货仍然在传统百货的范畴中寻找转型，未见方向。

万达百货是为了万达广场而生的。随着 2005 年以后，万达城市综合体模式确立，万达开始快速地在全国范围内扩张。万达广场的主力门店必然需要一个百货业态，由于万达广场的开发速度太快，原来和万达集团曾经合作过的百货公司，比如新世界百货等跟不上万达的节奏，但对万达来说，大型超市和百货商店这种主力店的存在，是构成万达商业地产的重要部分，为了全国各地万达广场有统一的定位和形象，万达也不能选择那些区域性的百货公司合作。在这种压力下，2007年以后，万达集团就自己开始组建自己的百货公司。

万达百货原来的名字是万千百货，2012年改名为万达百货。从长期以来的经营状况来看，万达百货并不如意。根据中国连锁经营协会发布的"2012中国连锁百强"排行榜，2012年万达百货57家门店，每一家门店大概2万平方米，全年销售规模为111.78亿元，这说明万达百货单店年销售额不足2亿元，单店盈利能力远远落后于百盛、银泰、王府井等老牌百货企业。

万达百货有些先天不足。从纯商业角度，一个百货店首先要选在城市核心商圈，而万达广场为了低价拿地，有些地方无论从相对地理位置还是辐射的人群范围，都不太适宜开设百货店，或者说必须依赖比较长时间的人气培养。

从功能定位而言，作为购物中心主体的万达广场和万达百货在功能上存在一定的重叠，根据中购联购物中心发展委员会的统计，国内优质购物中心正通过专卖店和集合店的组合替代百货主力店功能，购物中心去百货化是大势所趋，如何进行重整将成为转型的关键。

比如像服装类业态，服装品牌商是万达店面的主力需求者，但万达自身并不拥有任何服装品牌，正如万达公告透露出来的信息，万达百货在全国布局还不够完整，品牌定位不清晰，高度依赖物业方的租金优惠或者减免，除了拥有相对充裕的现金流外，尚无法给集团带来实质性的盈利能力。

在这种结构性困境下，万达百货管理层一直人事动荡。2011 年 8 月，原万达集团招商中心总经理张华容出任万千百货（万达百货前身）副总经理一职，工作不到两个月，便于同年 10 月离职；2012 年 5 月，原金鹰商贸副总裁苏杰担任万达百货常务副总经理，四个月之后便传出离开万达百货的消息；2012 年 9 月，原万达百货常务副总经理赵润涛离职；不到三个月，原万达百货总经理丁遥也相继离开。这些让王健林苦恼不已。"现在的经济环境下，万达百货已经完成了其历史使命，也到了进行转型和调整的时候了。"一位接近万达高层的人士透露。

万达百货正从多个层面进行调整。从组织架构而言，万达百货对总部营运中心进行调整，将招商和运营合在一起，并成立三个大区事业部，下辖各区和直属门店，正式建立总部、区域、门店三级管控架构。

在 2013 年的工作会议上，王健林花了大量时间对万达百货作出具体部署：

减少零售业态占比。特别是减少服饰类零售业态占比，增加生活类业态占比，比如美发、美甲、书吧、教育培训等，使万达广场业态更丰富，黏度更高；同时减少与万达百货的业态重合，提升比较效益。去年第三季度，集团决定调整万达广场二楼业态，减少服饰类业态、增加生活服务类业态，并在今年开业的大连高新和宜兴两个万达广场进行试点，效果超出预期。调整后的万达广场二楼客流比未调整的客流量增加 10% 以上，销售额增加 8%。集团要求，今年第四季度以后开业的万达广场二楼全面取消服饰业态，力争不招零售业态，2015 年前把已开业的 72 个广场二楼业态调整完。

研发综合儿童业态。日本、韩国已有此类业态，但内容不全，国内还是空白。尽管已有公司愿意跟万达长期合作发展儿童业态，但为了做得更好，我们决定自己研发。万达广场儿童业态将零售、游乐、教育、美食综合，推出后将使万达广场的黏性更高。商管公司第三季度完成前期工作，明年开业店全面推广。

王健林还曾经努力想把万达百货推向资本市场，但由于在租金方面和万达集团存在复杂的关联交易，同时其盈利前景让人不乐观，而国内上市通道又如此拥堵，万达百货上市被迫搁浅。可以想见，万达百货离开资本市场越来越遥远了。

从万达集团的战略层面来说，王健林十分需要一个成规模的健康的万达百货，只有这样，才能把万达商业地产的形象做得更为实在，因此万达百货一直作为万达集团的五大战略行业之一。但随着越来越激烈的同业竞争，零售业态的变化，再加上电子商务的冲击，万达百货的发展前景越来越黯淡，据万达集团内部人士透露，未来的万达广场项目将没有百货了。的确，随着万达集团向文化旅游方向转型，万达百货在集团中的地位越来越不重要，某种意义上已经成为万达商业帝国的鸡肋。如果未来万达承受资金链压力，需要收缩资产负债表的话，万达百货将是率先被调整的部分。

第八节　万达院线：与好莱坞分庭抗礼？

万达的电影院线成立于 2005 年，截至 2013 年年底，万达院线在全国 73 座城市拥有影院 142 家、1247 块银幕。连续五年，公司的票房收入、市场份额、观影人次都位列全国院线第一。2010 年 12 月，万达院线荣获

第 18 届亚太电影博览会（Cine Asia）"年度放映商"大奖，这是中国
内地电影放映商第一次获得如此备受推崇的国际大奖。2009 年至 2013
年，公司年票房收入、市场份额、观影人次已经连续五年位列全国院线
第一。2013 年，万达影院的票房收入超过了 31 亿元；仅 2014 年上半年，
票房收入就已经达到 24.8 亿元。

根据计划，万达院线计划到 2015 年开业 200 家影城，拥有屏幕 2000 块，
将占据全国 20% 以上的份额。

万达院线的诞生和万达百货、万达酒店有近乎同样的逻辑，当初都是万
达广场的重要构成部分，初衷都是通过影院来吸引人气，带动整个万达
商业环境的改善。万达一开始选择和源自香港的统一院线合作（UA），
但随着万达广场在全国的快速扩张，二者发展的节奏不能完全合拍，在
这种情况下，万达自己组建院线就变得顺理成章了。

以万达集团雄厚的地产资金为依托，万达影院基本都是自有资金投资建
设的，能够真正做到统一品牌、统一排片、统一经营、统一管理，对影
院具有绝对的控制力。影院带动了万达广场的客流，而人气的提升也带
动万达广场写字楼和住宅的销售，进而为影院带来了更多的客源。

万达院线是万达集团较早试水 O2O 的板块，早在 2010 年，"万达电影网"就上线了。但由于没有将底层的 POS 系统、订座系统打通，所以这基本是一个失败的尝试。2012 年改版上线的网站则解决了以上的问题，还实现了饮料爆米花售卖、积分兑换等功能。同年 4 月，移动端"万达电影"APP 也正式上线。

随着中国电影市场逐渐繁荣，万达院线的市场前景蒙上了瑰丽色彩。2011 年至 2013 年，万达院线分别实现营业收入 22.09 亿元、30.31 亿元和 40.23 亿元，利润总额分别为 4.16 亿元、5.26 亿元和 7.89 亿元。不过业界相关人士对此颇有质疑，主要是万达院线从万达商业获得的租金明显低于市场同类水准，租金在万达院线的成本构成比例中仅占 11%，这和 20% 左右的行业水准相差甚大。

不过在这个领域，随着更多资本开始进入，万达院线也面临着越来越激烈的竞争，国资背景的中影星美和上海联合在全国各地快速扩张，并且已经占据市场第二、第三的份额，广东大地和浙江横店等民营院线成长迅猛，北京新影联和辽宁地方等老国企背景也在发力，市场上有群雄竞逐的格局。

当然，万达集团通过收购美国 AMC，从拥有的荧幕数量来看已经是亚洲第一、全球第二，不过由于市场隔离，美国 AMC 和万达院线之间尚无法发挥有效的协同效应。

万达院线虽然起步早，但每年给万达集团的收入贡献比例并不高。对万达来说，如果仅仅是掌握院线这个渠道，其市场价值总是有限的，因此万达院线必然需要在行业上下游延展。

万达院线也曾经试图登陆 A 股资本市场，不过由于万达院线和万达商业地产之间的明显的关联交易，以及资本市场这些年的疲弱表现，万达院线的上市之路还看不到曙光。

万达正在大力推进文化旅游产业，在青岛、南昌、武汉等地建设综合性的万达城，尤其是青岛的东方影视城，包括电影拍摄、科技娱乐、前期制作等重要资源，希望与万达院线交相辉映，产生良好的协同效应。

万达集团于 2012 年正式成立了影视制作公司，试水电影制作业务，其出品的电影《Hold 住爱》依靠敏锐的档期嗅觉和院线的支持，在七夕实现票房井喷。万达影视传媒有限公司计划"从 2013 年起，每年投资不少于 8 部影片"，其中包括《警察故事 2013》《太极侠》《宫锁沉香》等，万达参与投资并于 2014 年三月上映的《归来》无论在艺术和观众口碑方面都获得了不错的成绩。

万达影业发布了"2014年新片计划"，从五一档新片《催眠大师》到冒险巨制《鬼吹灯·寻龙诀》等作品，作品类型横跨悬疑、动作、爱情、冒险和动漫等各个领域。

不过国内电影制作还面临诸多问题，包括业界人才、电影科技、电影审批制度等，都使得电影产业体量很小，养活院线基本靠进口电影支撑。

此外，电影行业这两年风生水起，竞争更加激烈，除了传统的国营和民营电影制作公司之外，以BAT（百度，阿里，腾讯）为代表的互联网公司纷纷携巨资杀入电影行业，并可能颠覆原来的业态和渠道价值。

王健林对万达影视接入内容制作颇为谨慎，他在接受媒体采访时提到，文化产业的发展还高度依赖国内文化管理体制的改革和创新，在目前状况下，国家对文化内容的过度监管，使得文化创新能力高度受限。以电影行业为例，好莱坞之所以称霸全球，不仅因为美国电影科技的发达，还因为自由的文化环境，让好莱坞可以吸引全球最有创意的各类艺术家。随着万达在内容领域的进一步卷入，必然面临更严峻的监管方面的壁垒。

有意思的猜想是，随着更多资本在文化领域逐鹿中原，随着大众审美口味通过市场机制发生作用，资本、市场和监管之间必会发生很多看不见的拉锯战，最终市场和科技的力量将有可能胜出。

第九节　效益欠佳：万达酒店的"单飞"之路？

截至 2014 年上半年，万达旗下已经拥有五星级和超五星级酒店 59 个，是国内拥有高级酒店最多的业主。

高级酒店是作为万达城市综合体模式的标配之一应运而生的，往往是万达广场中最显眼的建筑。2005 年前后万达开始全国扩张的时候，五星级酒店还不普遍，尤其很多三四线城市根本就没有五星级酒店。对于地方政府来说，引进一座五星级酒店，尤其是国际品牌管理集团管理的知名酒店，无疑可以快速成为地标性建筑，有利于提升城市形象，因此颇受地方政府欢迎。

万达集团最初的基本模式是，万达持有物业，同时引进国际品牌管理公司来管理，其中合作比较多的有索菲特（Sofitel）、雅高（Accord）、喜来登（Sheraton）、洲际（Inter-continental）等品牌。为了吸引这些品牌管理公司，尽快引进旅游或商务客源，提升人气，万达往往需要承担大部分人力费用，给予品牌管理方较高的管理费用，从而被品牌管理公司切去了大部分的利润蛋糕。

为了获得更好的收益，从 2012 年开始，万达陆续收回了管理合约，而以推出自己的高端酒店管理品牌作为发力重点。这些品牌包括万达嘉华酒店及度假村、万达文华酒店及度假村、万达瑞华酒店及度假村。

不过，由于高端商务客户群对酒店品牌都比较挑剔，万达自主推出的这些品牌，能否被消费者接受，还需要市场的进一步检验。

随着国内高级酒店越来越多，酒店行业竞争日趋激烈，同时酒店行业维护成本趋高，在后续经营中边际效益递减。目前庞大的万达酒店业态，从商业回报上来说，对万达集团的贡献率十分有限。高级酒店业务对万达来说，也处在一个比较尴尬的地位，很多部分城市的万达酒店，比如成都索菲特万达大饭店、武汉万达广场店等都经营效益不佳，出现在万达的售卖清单中。

万达已经宣布将在芝加哥、洛杉矶、伦敦和马德里建造万达广场，截至目前为止，万达在国际化扩张中的布局中，高级酒店显然是其重点之一。

王健林在公开演讲中，也提到未来不排除收购一家知名的酒店品牌。五星级酒店回报周期长，现金流比较稳定，同时随着物业资产升值，其融资功能也相当重要，因此万达酒店的面子和里子即使看起来并不对称，但依旧是万达重点发展的板块，有利于万达成为一家世界级的公司。

第十节　文化旅游：是未雨绸缪还是自寻绝路？

2000年万达开始转型做商业地产以来，业态不断升级换代。从第一代的万达大厦过渡到第二代的万达广场再到第三代的万达城市综合体，到2010年以后万达旅游文化城的出现，则可以被称为万达的第四代产品，这就是万达城的概念，其体量从几十万平方米到几百万平方米，投资额也动辄超过百亿。

目前万达在滚动开发的典型作品包括长白山国际旅游度假区、西双版纳国际旅游度假区、无锡万达文化城、青岛东方影城和南昌万达文化旅游，这些项目占地往往有数平方公里，典型业态包括住宅、主题公园、高尔夫球场、高端度假酒店群、主题商业街和旅游小镇等。根据万达之前公布的消息，长白山国际旅游度假区的投资额度是200亿，西双版纳国际旅游度假区是150亿，大连国际旅游度假区的投资额度是300亿，而青岛东方影视城的投资额度更是高达500亿人民币，加起来，万达集团在

万达第三代城市综合体

这些项目上的总投资超过千亿。

当然，这些投入并非一次性完成，而是分期投入，滚动开发。在这些庞大的项目中，王健林的拳头产品仍然是住宅地产，通过住宅销售来反哺文化和旅游项目的开发。以青岛东方影视城为例，2013 年 9 月份刚刚举办了盛大庆典，到 2013 年 12 月份，青岛东方影都首批 4000 套海景公寓、商铺就开始公开发售，而到了 2014 年的 4 月份，东方影都二期精装公寓开盘。万达集团正是以这种让人咋舌的速度来让资金快速循环，从而承载起庞大的投资额。

不过这种策略也面临一些变数。像青岛、武汉、南昌等有增长潜力的二线城市，住房需求可以和万达的销售策略相匹配，但那些更偏僻的，如长白山旅游度假区、西双版纳国际旅游度假区等，基本是在荒无人烟的地方搞的一个造城运动，虽然土地成本几乎可以忽略不计，但在相关配套项目没有建成之前，住宅项目的价值不会充分体现出来，因此销售难度很大。

依托于旅游文化或者国际度假区名义建造的其他板块，看起来或者听起来都很美，但从商业角度来看，却隐含了很多挑战。包含文化表演、商业街区、星级酒店等，短期之内都不会有盈利能力，在相当长的一段时间内，其维持和发展都需要万达集团的输血。对王健林来说，如何熬过这漫长的项目培育期，将是一件十分考验耐心的事情。

当然王健林对此有清醒的认识，他认为这些项目全国都不能超过 10 个，否则就是自寻死路。迄今为止，万达集团已经在青岛、南昌、武汉、长白山、西双版纳等地建设文化旅游城。不过在各个地方政府都要提升城市形象，在拉动经济发展的普遍压力下，更多像万达这样的公司会和地方政府团结合作，共同推动旅游文化项目，因此万达文化旅游项目的未来发展前景不容乐观。

不管怎么说，和国内其他开发商来比，万达在文化旅游这一块已经有相当多的竞争优势。2012 年 9 月，万达专门在北京成立了万达文化产业集团，北京市政府也给予了非常优惠的政策，比如融资、土地和进京指标等都有优惠。万达文化产业集团，依托于万达强大的品牌、硬件建设方面的能力，加上万达与地方政府的关系、融资能力、电影院线等领域的综合整合能力，或许真能在文化产业过程中探出一条希望之路。王健林认为，文化产业是一个没有天花板的行业，王健林描绘的愿景是，到2020 年，万达集团营业额的一半要来自文化板块。如果真能达到这个目标，那时候的万达集团将真正成为一家世界级公司。

第十一节　2022 年前后：中国经济总量将成为世界第一？

上述对万达百货、万达院线、万达商业地产、高级酒店和文化旅游板块
等的分析，都是行业性的，是局部的机会和风险。对万达集团来说，最
根本的风险来自经济周期或者商业周期的风险。过去三十年中国经济的
飞速发展是万达集团崛起的重要环境因素，未来经济下行趋势将同样对
万达构成致命威胁。

如果经济趋势下滑，那么万达集团所面临的风险将是系统性的。这不仅
影响万达的利润生命线——住宅和商业楼宇的销售，也会对万达的百货、
酒店和文化旅游板块构成重大冲击。万达集团的产业特征和经营体量，
都使它和经济周期的关系更加密切。

如何看待中国经济发展前景，社会各界看法颇有分歧。2012 年以来，房
地产市场就出现了不同的派系，各种争论此起彼伏，影响深远。王健林
本人曾经在无锡万达旅游文化城奠基仪式上指责那种唱空房地产的人是
别有用心的，王健林本人对中国经济走势十分乐观，他认为中国目前的
城镇化比例才 51%，要达到像西方发达国家的城镇化率，也就是 75% 左
右的城镇化人口，意味着还有 2.5 亿人要移居城市，这将释放巨大的需
求，这也是中国房地产保持向好的最重要因素。王健林甚至乐观地预测，

到 2022 年前后，中国经济总量将会超过美国，成为世界第一。正是基于这种乐观的判断，万达集团才持续保持高投资高增长的态势。

但是 2014 年的数据确实显示，房地产市场的衰势十分明显，以北上广深为代表的一线城市交易量下跌接近三成，与此同时，大量的库存和空置房占据了大量的流动性，使得房地产行业普遍资金紧张，有不少开发商因为资金链断裂而破产。

王健林讲的这些只是理论上的增长空间。各国经济发展历史，像中国这样持续发展三十多年的已经十分罕见，而像王健林那样设想再顺利发展 20 年的，几乎是绝无仅有。毫无疑问，中国经济存在严重的结构性问题，消费需求不足、交易成本过高、基础性行业政府垄断、企业家精神衰败等都是中国经济的深层次问题，中国经济已经积累了足够的内部压力，迫使经济进行一次巨大的调整，或者说经济危机已经迫在眉睫。而房地产领域积累的泡沫，恰恰是经济危机最大的征兆。根据官方统计信息，国家统计局 2014 年 7 月 16 日发布的数据显示，2014 年 1 ～ 6 月，商品房销售面积 48365 万平方米，同比下降 6.0%，商品房销售额 31133 亿元，下降 6.7%。房地产景气指数回落，投资增速也是节节回落。

商业地产的情况更糟。根据世邦魏理仕数据，从全国写字楼市场来看，未来三年的新增供应量已经超过目前市场现有存量。若所有项目均按期交付，预计 2014 ～ 2016 年间中国 14 所主要城市的写字楼供应量将激增 4080 万平方米，接近 2012 年存量的 2 倍。天津、沈阳和重庆等二线城市的写字楼存量将翻两倍。

这些年，商业地产的"大跃进"，包括很多万达模式的追随者，比如大悦城、富力地产等，商业地产的大量入市，不但延缓了销售速度，也提高了招商难度，拉低了租金收入，这些都对万达构成了直接的冲击。

从 2014 年 6 月份以来，数十个地方政府都取消了限购措施，而中央政府也通过所谓的定向宽松政策，即央行给国家开发银行的定向降准、再贷款等措施，增加货币投放，推进更多棚户区改造、高铁等基础设施的建设。

可以预见，货币政策也将逐渐趋于宽松。这对万达集团来说，不仅短期之内可以降低资金和财务成本，而且还为万达旗下的地产等业务提供了支撑。但这些做法的长期效果却让人怀疑，因为这些救市政策短期内将强化经济泡沫，延缓了暂时的但却是必要的经济调整，从而在下一次经济调整的时候带来更大的冲击。

第十二节 亿万帝国神话：生存还是毁灭？

电子商务带来商业模式的重大转轨，经济周期带来商业环境的转换，这些都对万达商业模式构成了重大的外部挑战。对王健林和万达来说，还有两项很重要的挑战是，万达的管理架构如何维系效率，万达股权结构如何支撑不断扩展的商业帝国。

万达早年的管理模式，基本是参考沃尔玛而形成的一套运营导向、中央集权的管控模式，随着资产规模和营运规模的不断扩大、经营区域的拓宽和经营场所的分散，市场对万达的经营管理、组织协调及风险控制能力提出了更高的要求。目前万达的核心模块包括战略管理、投融资管理、财务管理、HR 管理、招商管理、规划设计、工程管理、销售管理、运营管理、信息管理等 10 项核心职能。

万达的信息管理系统有基础设施、信息门户和管理平台。其信息管理系统涵盖了招投标系统、项目过程管理系统、运营管理系统、营销管理系统、财务系统和人力资源系统。其中，OA 系统是万达集团的协同办公平台，主要功能包括文档管理、流程审批管理、新闻公告发布等。

王健林漫长的军旅生涯是万达模块化管理的思想基因，也塑造了万达强调执行力的企业文化。不过，这种管理思路如何适应不同的业务体系，将是一个亟待解决的问题。电子商务、金融、文化旅游和海外投资等业务模块，各自都有不同的行业规律，这些行业和之前建立的高度集权的军事化管控模式未必兼容，万达在管理上必须有所创新，才能跟上业务发展的步伐。

万达集团如今拥有十几万员工，在全国 90 多个城市拥有业务，在全世界各地拥有全资子公司，横贯了商业地产、百货、文化旅游、院线、电子商务、投资和金融业务，管理挑战巨大。如何在这么庞大的一个组织之内，保持效率，保持创新，而不陷入大公司的官僚主义病症，这很大程度上得益于王健林本人早年的军旅生涯。王健林曾经聘请国外知名的管理咨询公司，为万达集团调整架构，增加管控和决策的电子化。

正如万达商业地产在其上市文件中所表述的，"一方面，跨区域经营受到各地区的经济、文化发展程度差异影响较大；另一方面，快速扩大的业务规模延伸了公司的管理跨度，从而使本公司在业务持续、快速增长过程中对管理、营运能力的要求大幅提高。若公司无法在管理控制、人力资源、风险控制、营销方式等方面采取更有针对性的管理措施，势必增加公司的管理成本和经营风险，使公司各项业务难以发挥协同效应，对公司未来业务的发展带来一定的影响。"

根据王健林的公开演讲，他已经从一线的管理事务中脱离，目前主管的板块是审计。不过也有媒体报道，王健林依然是万达绝对的核心，万达的重大决策依旧高度依赖王健林个人。因为万达不是一家公众公司，外界的观感也许都是管中窥豹，尚不足以形成定论。不过，在管理模式上，比较万达和万科的风格，会有完全不同的印象。万科依靠一套成熟的公司治理机制，无论是股权上还是决策流程上，都已成为一个高度现代化的公司。作为董事长的王石可以以登山或游学来打发时光，享受人生。而王健林给外界的印象是，他每天早上第一个到公司，唯一的娱乐就是晚上在KTV包房里唱唱歌。

与管理难题相互伴生的是人才瓶颈。当企业到达一定规模，尤其是涉及众多行业的集团公司来说，人才逐渐成为最重要的资源。王健林表示，为了人才，他会八顾茅庐，十顾茅庐，为了人才，万达不惜重金。现在万达集团与50个多猎头公司在合作。部分由于解决人才短缺的问题，万达学院应运而生。万达学院通过做好培训，来培养更多的复合型人才。但随着万达的业务越来越繁杂，万达的人才瓶颈将依然是业内讨论的热点。

在股权层面，万达和万科也形成一个有趣的对比。万科1991年成为深圳证券交易所第二家上市公司，持续增长的业绩以及规范透明的公司治理结构，使公司赢得了投资者的广泛认可，其分散的股权安排，使得管理层在维持足够的业绩压力的时候，可以有充分的自主空间。

而根据公开信息，万达集团是王健林的私人公司，即使未来万达旗下的万达院线或万达商业分拆上市，王健林依然是万达集团的控股股东，万达集团在股权意义上将是一个家族企业。

王健林完全可以不把万科模式当回事，在商业世界，那些特定家族保持对企业控制，并且创始人始终坚守在工作一线的企业也普遍存在，这其中最典型的就是李嘉诚。李嘉诚从卖塑料花起家，后来通过地产投资成为超级富豪，进而在零售、码头、资源、互联网等众多行业涉足，旗下行业几乎触及每一个商业领域，成为华人首富，一度被评选为亚洲最有影响力的人。已经 80 多岁的李嘉诚，如今依旧活跃在一线，掌控着其庞大的商业帝国。

王健林也可以不急于考虑万达集团的接班事宜，一是他自己精力充沛，还可以为万达工作很多年，另外他还有一个接班人，他的儿子王思聪。王思聪在英国接受了完整的教育，如今是万达集团的董事，但他自己也拥有一家投资公司，根据公开的说法，王健林给了五个亿让他创业，如果五个亿全部亏损了，那么王思聪必须到万达上班。不过迄今为止，王思聪的投资效果还不错，另外，戴着首富儿子的光环，通过微博等媒体平台，王思聪已经积聚了大量的粉丝，并且形成了和公共舆论过招的独特风格。这种明星气质虽然未必符合王健林的期待，但是王思聪完全可能成为王健林苦心栽培的接班人，在关键的时候接过接力棒，为万达的未来掌舵。

第十章
万达简史

1988.01

大连万达集团成立

企业成立之初，万达启动了大连市西岗区北京街旧城改造，成为全国第一个进行城市旧区改造开发的企业，在全国首创城市旧区改造的发展模式。上世纪 90 年代初期，万达年房屋销售量占大连市房地产销售总量的两成以上，在大连房地产企业中脱颖而出。

1993.05

成为全国首家跨区域发展的房地产企业

万达赴广州番禺开发侨宫苑小区，成为全国首家跨区域发展的房地产企业，获得跨区域开发的宝贵经验。

1998. 03

迈出大规模跨区域发展的步伐

万达到成都、长春等多个城市开发，迈出大规模跨区域发展的步伐。

2000. 05

企业发展史上的"遵义会议"召开

万达召开企业发展史上的"遵义会议"，历经三天讨论，统一了思想，决定企业战略转型，住宅地产和商业地产两条腿走路，并将全国各地公司合并调整为商业、住宅两大建设公司。

2000. 07

开发建设第一代万达广场

万达开发建设企业的第一个商业地产项目——长春重庆路万达广场，并与美国沃尔玛公司结成战略合作伙伴关系，这是第一代万达广场。

2004.08

开发建设首个第三代万达广场

万达开发建设首个第三代万达广场——宁波鄞州万达广场，并建有五星级酒店和超高层写字楼，总建筑面积 60 万平方米，全国首家提出"城市综合体"开发模式。

2005.10

形成商业地产的完整产业链

万达先后成立商业规划院、商业管理公司、酒店建设公司，形成商业地产的完整产业链。

2005.12

万达商业地产股份有限公司成立

万达进行二次机构改革，将商业、住宅两大公司合为一家公司——万达商业地产股份有限公司，确立商业地产为万达核心支柱产业。

2006. 12
万达打赢"三大战役"

上海五角场万达广场、宁波鄞州万达广场、北京 CBD 万达广场开业，万
达打赢"三大战役"，奠定万达商业地产龙头地位。

2007. 10
成立万达连锁百货

万达集团成立万达连锁百货，正式进军零售业。

2008. 09
万达集团总部迁往北京

万达集团总部由大连迁往北京 CBD 万达广场，标志着万达事业迈上新台
阶。

2009.01

文化旅游产业成为企业新的重点发展方向

为寻找新发展空间和利润增长点，万达集团将文化旅游产业作为企业新的重点发展方向。当年1月，万达集团投资200亿元建设长白山国际度假区。长白山国际度假区是世界上最好的冰雪度假项目之一。

2010.07

万达集团进行了历史上最大规模的一次机构调整

万达集团进行了历史上最大规模的一次机构调整。一是集团和商业地产总部机构彻底分设。二是商管和院线机构调整，变成为总部、区域公司和单店三级管理模式，真正实现连锁经营。三是项目管理分成南、北区。这次调整，为万达实现实业、资本两条腿走路，为企业长远发展打下坚实的组织基础。

2010.12

广州白云万达广场开业

广州白云万达广场开业，这是万达商业地产进军广东的首个作品。

2011.06

万达投资 5 亿元正式成立万达影视制作公司

万达投资 5 亿元，正式成立万达影视制作公司，形成电影产业的完整产业链。

2011.09

武汉中央文化区楚河汉街开业

万达集团投资建设的武汉中央文化区一期——楚河汉街开业。武汉中央文化区位于武汉市核心地段，地理位置相当于武汉市的几何中心，是以文化为核心，兼具旅游、商业、商务、居住功能为一体的世界级文化旅游项目。项目规划区域约 1.8 平方公里，总建筑面积 340 万平方米，总投资 500 亿。

2011.11

万达和美国弗兰克·德贡公司成立合资演艺公司

万达和美国弗兰克·德贡公司成立合资演艺公司，由万达控股，在全国投资 100 亿元打造 5 台世界最高水平的舞台秀。

2012.01

制定十年战略目标

万达集团制定十年战略发展目标，决定实施跨国发展，成为世界一流跨国企业，为中国民营企业争光。

2012.02

成立首家奢华品牌酒店管理公司

万达集团成立国内首家奢华品牌酒店管理公司，填补了中国无奢华酒店管理公司的空白，当年开业 6 家自有品牌五星级酒店。

2012.04

西双版纳国际度假区开工建设

万达集团投资 150 亿元建设的西双版纳国际度假区开工。

2012.07

长白山国际度假区盛大开业

万达长白山国际度假区盛大开业。

2012.09

并购全球第二大影院公司——美国 AMC

万达集团 26 亿美元并购全球第二大影院公司——美国 AMC，是中国民营企业在美国最大的一起企业并购，也是中国文化产业最大的海外并购。

2012.12

万达集团成立万达文化产业集团

万达集团成立万达文化产业集团。万达文化集团是中国最大的文化企业，注册资金 50 亿元，资产 310 亿元，2012 年收入 208 亿元，已进入电影院线、影视制作、舞台演艺、电影科技娱乐、主题公园、连锁娱乐、报刊传媒、字画收藏、文化旅游区等 10 个行业。

2013.04

首个万达文化旅游城破土动工

万达集团投资超 200 亿元的首个文化旅游城——哈尔滨万达文化旅游城破土动工。6 月，总投资近 400 亿元人民币的南昌万达城开工。哈尔滨万达城是万达集团凭借多年在商业、文化、旅游产业积累的丰富经验创立的世界首个特大型文化旅游商业综合项目。

2013.06

南昌万达文化旅游城正式动工

南昌万达文化旅游城正式动工，这是继哈尔滨万达城之后，万达集团在全国开工的第 2 个万达城，也是江西省 30 年来投资规模最大的单个项目。

2013.06

万达集团并购英国圣汐游艇公司

万达集团投资 3.2 亿英镑并购英国圣汐游艇公司，投资近 7 亿英镑在伦敦核心区建设超五星级万达酒店。这是继并购美国 AMC 影院公司后，万达集团国际化的又一重大进展。

2013.09
青岛东方影都举行启动仪式

万达集团投资建设的全球投资规模最大的影视产业项目——青岛东方影都影视产业园区举行隆重的启动仪式，该项目总投资 500 亿元人民币，其中文化旅游投资超过 300 亿元。

2013.09
无锡万达文化旅游城签约万达文旅产业

9 月 24 日，无锡万达文化旅游城正式签约，这是万达集团在全国投资建设的第 8 个文化旅游项目，万达文化旅游产业的全国布局初步形成。

2013.10
万达宣布成立英国房地产开发公司

10 月 14 日，万达集团宣布成立其在英国的房地产开发公司 Wanda One (UK) Limited("Wanda One")。Wanda One 将负责万达集团 One Nine Elms 项目中伦敦万达酒店和住宅项目的开发。万达集团曾于 2014 年 6 月宣布在伦敦投资建设一个五星级酒店，这个新的万达酒店即是 One Nine Elms 项目的一部分。

2013.10

合肥万达文化旅游城开工成为华东最大文旅投资项目

10 月 27 日，万达集团开发的华东最大文化旅游投资项目——合肥万达文化旅游城举行了盛大的奠基仪式。合肥万达文化旅游城项目总投资超过 350 亿，其中文化旅游投资 190 亿元。

2013.12

万达电商"万汇网"上线试运行定位 O2O 模式

万汇网（www.wanhui.cn）及手机客户端"万汇"上线试运行，筹备已久的万达电商终于露面。与天猫、京东等 B2C 电商不同的是，万达电商力求通过 O2O 模式（线上线下资源相结合的模式），为用户带来全新的智能化购物体验，让消费者"随时随地逛万达"。

2013.12

桂林万达文化旅游城签约投资 240 亿成立广西最大文旅项目

12 月 15 日，万达集团与桂林市政府在南宁签订协议，计划投资 240 亿元建设桂林万达文化旅游城（简称桂林万达城）项目，这是迄今为止广西投资最大的文化旅游项目。广西壮族自治区主席陈武、万达集团董事长王健林出席签约仪式。

2013.12

美国 AMC 院线公司在纽交所成功上市

万达集团旗下拥有的美国 AMC 院线公司以 18 美元的价格首次公开发行 18,421,053 股 A 类普通股，并于美国当地时间 2013 年 12 月 18 日正式登陆纽约证券交易所上市交易。AMC 上市当日开盘价为 19.18 美元，较发行价上涨 7%。

2014.02

无锡万达文化旅游城开工将和上海迪士尼乐园一较高下

2月28日，总投资超过400亿元的无锡万达文化旅游城正式开工。这是万达集团在全国开工建设的第5个超大型文旅项目。万达集团董事长王健林表示：万达有信心把无锡万达城打造成世界级的中国文化品牌，并将在旅游人次、收入规模等核心指标上与上海迪士尼竞争比较。

2014.03

万达出版商业地产系列丛书和盘托出"真经"回馈社会

3月23日，"万达集团商业地产系列丛书"举行首发仪式。"万达集团商业地产系列丛书"是国内首部由企业编写的商业地产教科书，全面解密万达商业地产的成功之道，对于提高中国商业地产专业化水平、推动行业健康发展将发挥积极作用。

2014.03

武汉万达瑞华酒店盛大开业是首个万达顶级奢华酒店

2014 年 3 月 29 日，万达酒店及度假村管理有限公司首家顶级奢华酒店——武汉万达瑞华酒店华丽启幕。至此，万达酒店及度假村旗下三个奢华酒店品牌嘉华、文华和瑞华均圆满落地。